로자 파크스 나의 이야기

미국 흑인 시민권 운동의 어머니
로자 파크스 나의 이야기

초판 1쇄 발행 2012년 3월 15일

지은이 로자 파크스 / 짐 해스킨스
옮긴이 최성애
펴낸이 한승수
펴낸곳 문예춘추사

편집 정광희
마케팅 김승룡
디자인 이현희

등록번호 제300-1994-16
등록일자 1994. 1. 24

주소 경기도 고양시 일산동구 장항동 733 한강세이프빌 301-18
전화 031 907 4934
팩스 031 907 4935
E-mail hvline@naver.com

ISBN 978-89-7604-082-4 13810

*책값은 뒤표지에 있습니다

미국 흑인 시민권 운동의 어머니

로자 파크스
나의 이야기

Rosa Parks
My Story

로자 파크스 / 짐 해스킨스 지음 | 최성애 옮김

문예춘추사

나의 어머니 레오나 맥컬리와
나의 남편 레이몬드 A. 파크스에게
이 책을 바칩니다.

내 친구이자 여행 친구이며,
로자 앤드 레이몬드 자기개발 센터 대표이사이기도 한
일레인 스틸에게 깊은 감사를 표합니다.
그녀의 도움으로 이 책이 세상에 나오게 되었습니다.

로자 파크스에게

그녀의 감동적인 증언은 현대 사회가 자유를 향한 힘찬 걸음을 내딛는데 중요한 원동력이 되었습니다.

마틴 루터 킹 주니어

- 이 글귀는 마틴 루터 킹 목사가 자신의 책 〈Stride Toward Freedom(자유를 향한 힘찬 발걸음)〉의 권두에 쓴 것이다. 그는 로자 파크스에게 그 책을 헌정했다.

옮긴이의 글

살아가면서 우리는 많은 만남을 갖는다. 삶은 크고 작은 만남의 고리로 이어진 긴 사슬이라 해도 과언이 아닐 것이다. 때론 고통스런 만남도 있고 가슴 벅찬 만남도 있다. 만남을 통해 내가 변하고 상대도 변한다.

여러 해 전 나는 〈Eyes on the Prize(승리를 향하여)〉라는 영화를 본 적이 있다. 미국 흑인 시민권 운동을 담은, 무려 열네 시간짜리 다큐멘터리 영화였다. 그 영화의 낡은 자료 영상 속에서 로자 파크스를 처음 만났다. 노예제도가 폐지된 지 100년 가까이 지났지만, 여전히 흑인들은 온전한 시민으로 대우받지 못했다. 흑인과 백인은 같은 식당에서 밥을 먹을 수 없었고, 같은 학교에서 공부할 수 없었으며, 같은 수도꼭지에서 물도 마실 수 없었다. 버스에 백인이 타면 흑인은 자리를 내어주는 게 법으로 규정되어 있었다. 어느 날, 로자는 백인이 앉도록 자리에서 일어나라는 버스 운전기사의 요구에 불응한다. 그리고 체포된다. 그녀의 차분하면서도 단호한 "No!" 한 마디가 수많은 흑인들과 양심 있는 백인들 속에 거대한 저항의 파도를 일으켰다. 경찰과 백인 우월주의자들에 의한 무차별 체포와 폭행과 살해가 자행되는 와중에도 "계속 걸읍시다, 계속 달립시다, 계속 노래합시다!"라고 외치며 행진하는 사람들의 물결을 보며 슬픔과 감동에 뒤범벅된 나는 거의 통곡하다시피 했다.

로자 파크스에 의해 불이 당겨진 미국 시민권 운동은 미국 내 흑인과 백인의 관계를 바꿔놓는데 그치지 않았다. 시민권 운동은 정의와 평등, 평화와 공존의 가치를 전 세계에 뜨겁게 환기시켰고, 인권에 대한 세계인의 감수성을 비약적으로 끌어올렸으며, 전쟁 반대 운동과 각종 사회적 소수자 운동의 중요한 디딤돌을 놓아주었다. 오늘날 우리가 숨 쉬듯 당연시하는 여러 시민적 권리들 역시 흑인들의 시민권 운동에 빚진 바 크다.

이 책 〈로자 파크스 – 나의 이야기〉에서 다시 만난 로자 파크스는 영화를 훌쩍 능가하는, 아픔과 격동과 희망이 점철된 현대사의 한 굵직한 현장으로 나를 안내해주었다. 1900년대 초반 미국 남부 흑인들의 고되지만 유머를 잃지 않은 삶의 풍경, 목화밭의 뜨거운 땀방울, 자유에 대한 타는 목마름이 마치 내 것인 양 느껴진다. 마틴 루터 킹 목사와 함께 행진하고, 눈앞에서 그의 연설을 들으며, 목청 높여 "예스!"라고 소리치는 사람들 한 복판에 내가 서 있는 듯하다. 역설적이지만, 시종일관 담담함을 잃지 않는 그녀의 어조는 그녀 개인의 삶과 시대적 소용돌이 간의 힘찬 역학을 더욱더 웅변적으로 전해준다.

독자 여러분이 이 책을 통해 로자 파크스를 만나게 되어 아주 기쁘다. 그리고 그 만남에 내가 작으나마 역할을 한 것을 큰 영광으로 생각한다. 내게 그랬던 것처럼, 이 만남이 여러분에게도 소중한 만남이 되기를, 여러분의 생각과 삶의 지평을 넓히는데 도움이 되는 만남이 되기를, 그리고 또 다른 의미 있는 만남으로 안내하는 징검다리 만남이 되기를 힘껏 소망한다.

최성애

차례

옮긴이의 글 ... 6
1 시작은 이러했다 ... 11
2 만만찮은 여자아이 ... 31
3 몽고메리에서의 학창시절 ... 47
4 결혼, 그리고 사회운동 ... 65
5 투표권을 위해 싸우다 ... 84
6 NAACP의 간사로 일하다 ... 95
7 백인들의 폭력은 더욱 심해져가고 ... 106
8 "당신을 체포합니다" ... 124
9 "백인들, 이번엔 딱 걸렸어요!" ... 145
10 자유를 향한 힘찬 발걸음 ... 166
11 디트로이트로 이사하다 ... 186
12 그 후 ... 204

* 로자 파크스의 생애 연표

1

시작은 이러했다

1955년 12월 초 어느 날 저녁, 나는 앨라배마 주 몽고메리의 한 버스에 올라탔다. 다른 모든 버스에서처럼, 그 버스 역시 백인 좌석과 흑인 좌석이 나뉘어 있었다. 나는 흑인 좌석의 맨 앞자리에 자리를 잡았다. 정류장을 지날수록 백인 탑승자들의 수가 늘더니 백인 좌석은 곧 꽉 차버렸다. 흑인 좌석이 따로 있다 하더라도 백인 좌석이 다 차면 흑인들은 좌석을 내주어야 했다. 하지만 나는 일어나지 않았다. 백인인 운전기사가 내게 말했다.

"어서 자리에서 일어나쇼."

나는 움직이지 않았다. 백인들에게 자리를 양보하는 것에 신물이 났다.

"당장 경찰을 부를 테요." 운전기사가 소리쳤다.

"마음대로 하세요." 내가 응수했다.

잠시 후 백인 경찰관 두 명이 버스에 올랐다. 내가 물었다.

"도대체 왜 이렇게까지 우리를 밀어내는 겁니까?"

경찰관 한 명이 말했다.

"낸들 알겠습니까. 법이 그렇다니까 어쩔 수 없는 거죠. 당신을 체포합니다."

나의 반평생 동안 미국 남부에는 모든 공공장소에서 흑인들을 백인들과 엄격하게 분리하는 법과 관습이 지배했다. 그 법은 백인들로 하여금 흑인들을 아무렇게나 취급해도 괜찮도록 허용했다. 나는 그러한 법과 관습이 공평하다고 생각한 적이 단 한 번도 없다. 어릴 때부터 나는 흑인들에 대한 차별에 맞서 열심히 싸웠다. 하지만 백인들이 만든 법과, 그 법에 따른 흑백 분리와 인종차별을 없애는 것은 결코 쉬운 일이 아니었다.

어떻게 해서든 우리는 그 법을 바꿔야 했다. 그것이 성공하려면 흑인뿐 아니라 가능한 한 많은 백인을 우리 편으로 만들어야 했다. 하지만, 그날 몽고메리 버스에서 백인에게 자리 양보를 거부한 나의 행동이 남부의 분리주의 법률을 폐지하는데 결정적인 기폭제가 되리라고는 상상도 하지 못했다. 그 때의 나는 그저 백인에게 좌석을 빼앗기는 것에 진절머리가 났을 뿐이었다. 난 그저 평범하고 순진한 한 사람에 불과했다. 나를 자신들과 같은 평범한 사람으로 대해주던 백인들도 더러 있었다. 문제는, 그렇지 않은 백인들이 훨씬 더 많았다는 것이다.

내 가족들이 즐겨 말하던 내 어린 시절에 관한 얘기 중에 어떤 백인 아저씨에 관한 것이 있다. 나를 흑인 아이가 아닌, 그냥 보통의 아이로 대해 준 백인 아저씨였다. 제1차 세계대전이 끝난 직후인 1919년, 내가 대여섯 살이던 무렵이었다. 앨라배마 주 파인레벨(Pine Level)에 있던 우리 집 근처에 큰 농장이 있었는데 모세스 허드슨이라는 사람이 그 농장의 주인이었다. 몽고메리 시

앨라배마 터스키기의 로자 파크스 생가. (로자 파크스 제공)

에 살던 허드슨 씨는 북부 출신의 군인인 사위와 이따금 농장에 들렀는데, 하루는 두 사람이 우리 가족을 방문했다. 그 당시 우리 남부 사람들은 북부 사람들을 양키라고 불렀다. 양키 군인인 그 사위는 다정하게 내 머리를 쓰다듬어 주었고, 나처럼 예쁜 여자아이는 처음 본다고 말했다. 그날 밤, 우리 가족들은 그 양키 군인에 대해 이야기꽃을 피웠다. 그가 나를 여느 백인 여자아이에게 하듯 스스럼없이 대한 것에 대해 모두 큰 감동을 받은 것이 분명했다. 당시 남부의 백인들은 흑인 여자아이와 백인 여자아이를 완전히 다르게 취급했었다. 농장주 허드슨 씨는 사위가 나를 대하는 모습에 크게 기분이 상한 모양이었다. 할아버지 말씀에 따르면, 사위가 내 머리를 쓰다듬는 것을 본 순간 허드슨 씨의 얼굴이 마치 이글대는 번개탄처럼 붉으락푸르락해졌다고 한다. 이 말을 하시며 할아버지는 박장대소 했다.

나는 몽고메리 카운티의 파인레벨에 있던 외조부모님 집에서 자랐다. 내 어머니 가족들 모두가 파인레벨 출신이었다. 어머니 이름은 레오나 에드워즈(Leona Edwards)였고, 앨라배마 주 애비빌 출신인 아버지의 이름은 제임스 맥컬리(James McCauley)였다. 아버지는 목수이자 건축 기술자였는데, 특히 벽돌 만드는 기

로자의 아버지 제임스 맥컬리, 1923. (로자 파크스 제공)

술과 석공기술이 으뜸이었다. 그는 일거리를 찾아 돌아다니느라 늘 집을 비웠다.

아버지의 누나인 애디 고모의 남편 도미닉 목사가 파인레벨에 있는 한 감리교 교회에서 목회를 할 때 그 교회에서 아버지와 어머니가 처음 만났다고 한다. 당시 어머니는 교사로 일하고 있었다. 스물네 살 동갑이던 두 사람은 1912년 4월 12일 결혼식을 올렸다.

결혼 후 두 사람은 앨라배마 주 터스키기로 이사했다. 부커 T. 워싱턴(Booker T. Washington)이 1881년 흑인들을 위해 설립한 터스키기 학교가 있던 곳이다. 부모님은 그 학교에서 그리 멀지 않은 곳에 집을 얻었다. 당시 흑인과 백인 지역 지도자들 모두 터스키기를 모범적인 인종화합 지역으로 칭송했는데, 아버지가 그곳으로 이사한 것은 아마도 그 때문이었을 것이다. 또한 그곳은 건축업 일거리가 아주 많았던 곳이기도 했다. 어머니도 곧 교사로 취직했다.

부모님이 결혼하고 얼마 되지 않은 1913년 2월 4일 내가 태어났다. 부모님은 내 외할머니 이름인 로즈(Rose)를 따서 나를 로자(Rosa)라고 이름 지었다. 그 때 어머니의 나이는 스물다섯이었는데, 한 아이의 엄마가 된 것을 무척 버거워했다. 아버지가 건축일을 찾아 이리저리 떠돌아다니느라 거의 집에 없었기 때문에 많이 외로웠을 것이다. 나를 임신한 후 어머니는 교사 일을 그만두었다. 어머니는 자신이 얼마나 불행한지, 엄마 노릇을 하는 것이 얼마나 힘든 일인지, 그리고 아는 사람 하나 없는 곳에서 사는 것이 얼마나 고달픈지에 대해 늘 말했다. 요즘과는 달리, 당시에는 임신한 여자들은 외출을 하지 못했기 때문에 친구조차 만날 수 없었다. 그저 집 안에 혼자 틀어박혀 있어야 했다. 임신기간 내내 어머니는 혼자 많이 울었다. 앞으로 어떻게 살아야 할지, 엄마가 될 마음의 준비가 안된 상태에서 아이를 어떻게 키워야 할지 그저 막막할 뿐이었다고 했다.

그리고 내가 태어났다. 아기인 나는 무척 병약했고, 체구도 또래보다 아주 작았다. 그래서 어머니가 더욱 힘들었을 것이다. 얼마 후 아버지의 남동생, 즉 나의 삼촌이 우리 집에서 함께 살게 되었다. 집안일을 할 사람이 한 명 더 생겨 잘된 일이었다. 삼촌도 목수였는데, 그는 목수일과 건축일을 더 배우기 위해 터스키기 학교에 입학했다. 어머니는 삼촌이 아주 명석해서 학교에서 배우는 것을 아주 잘 소화했다고 했다. 뿐만 아니라 교사가 집짓기에 대해 어떤 것을 설명하면 "그건 잘못 됐습니다. 제 생각에는 이러저러한 방식으로 하는 게 더 좋을 것 같습니다."라며 자기의 의견을 주저 없이 말했고, 삼촌이 말한 대로 하면 늘 결과가 좋았다고 했다. 하지만 삼촌은 터스키기 학교에 오래 다니지는 못했다.

나는 아버지와 삼촌이 함께 지은 집들을 담은 사진들을 여러 장 갖고 있다. 아주 아름다운 집들이다. 그들의 기술은 아마도 할아버지에게서 전수받은 것일 게다. 사실, 삼촌이 터스키기 학교에서 배운 것은 거의 없었다.

하지만 터스키기는 흑인들이 교육을 받기에 가장 좋은 지역이었고, 어머니도 계속 그곳에서 살기를 원했다. 어머니는 아버지가 언젠가 터스키기 학교에서 일자리를 얻기를 바랐다. 교사들이 살 집이 계속 필요할 것이고, 교사들의 자식들과 내가 함께 그 학교를 다니면 좋을 거라고 생각했다. 당시 남부에서는 흑인 아이들이 교육 기회를 얻기란 하늘의 별 따기였기 때문이다. 그러나 아버지는 어머니와 생각이 달랐다. 그는 좀 더 많은 일을 해서 좀 더 많은 돈을 버는 데에만 관심이 있었다. 부모님은 미래에 대한 계획을 세우는데 의견일치를 보지 못했다.

마침내 아버지는 터스키기를 떠나 그의 가족이 있는 애비빌로 이사하기로 결정했다. 어머니도 그에 따를 수밖에 없었다.

그렇게 해서 우리는 애비빌의 친할아버지 댁으로 옮겨갔다. 아이들이 아주 많은 대가족이었다. 친할머니가 거의 쉬지 않고 아이를 낳았기 때문이다. 내가 태어났을 때 내 막내삼촌 조지 게인스 맥컬리는 겨우 여덟 살이었다. 그는 어릴 때 나를 무척 질투했다고 한다. 집안의 막내로 관심을 독차지하다가 내가 태어나면서 막내의 지위를 빼앗긴 탓이었다. 하지만 시간이 흐르면서 삼촌은 나를 아주 예뻐했다.

내가 아버지 집안에 대해 아는 것이라곤 막내삼촌이 들려준 몇 가지가 전부다. 그에 의하면, 내 아버지의 할아버지가 누군지는 아무도 모른다. 남북전쟁에 참전한 북부 양키 군인이었다는 말도 있지만 확실치는 않다. 아버지의 할머니는 노예였는데 인디언 피가 섞여있다고 했다. 이게 전부다. 어머니는 아마 좀 더 알고 있었을 테지만 내게 한 번도 말해준 적이 없다. 시댁식구들에게 별로 정이 없었던 것 같다.

어머니는 애비빌에서도 교사 일을 했지만 오래 가진 못했다. 아버지가 북부로 떠나기로 결정하면서, 어머니도 남편 없이 시댁에 머무느니 차라리 친정부모에게 돌아가는 게 낫다고 생각했다. 당시 어머니는 내 남동생을 임신한 상태였다. 내 외조부모님은 파인레벨의 조그마한 농장에서 단출하게 두 분만 살고 있었다. 키우던 조카가 결혼하면서 집을 떠난 뒤 줄곧 그렇게 외롭게 지냈다고 한다. 애비빌에서 남편이랑 아이들과 함께 오순도순 가정을 꾸리고 싶어 했던 어머니는 아버지가 집을 나가자 문득 자식 하나 없이 외롭게 지내는 부모님 생각이 났다고 했다. 어머니는 즉시 친정으로 떠났다.

어머니가 나를 파인레벨의 외조부모님 댁으로 데려간 것은 내가 아장아장 걸을 때쯤이었다. 그리고 얼마 후 아버지도 그 집에 합류했다. 우리는 내가 두 살 반이 될 때까지 그렇게 한 가족으로 모여 살았다. 하지만 아버지는 다시 일거리를 찾아 파인레벨을 떠났고, 내가 다섯 살 때 다시 집에 돌아왔지만 며칠 되지 않아 또다시 집을 나갔다. 그 후 아버지를 다시 만난 것은 내가 장성해서 결혼한 이후였다.

그 후 부모님은 두 번 다시 합치지 않았다. 두 사람은 도저히 함께 삶을 꾸려갈 수 없는 부부였다. 아버지는 끊임없이 이곳저곳을 누비며 떠돌아다니고 싶어 했고, 어머니는 한 곳에 정착하고 싶어 했다.

내 어머님의 부모님, 즉 내 외조부모님에 대한 기억은 아주 생생하다. 외할아버지에 대한 나의 첫 기억은 그가 나를 병원에 데려가던 날에 대한 것이다. 어린 시절 내내 나는 만성 편도선염에 시달렸다. 내가 두 살이 조금 넘은 어느 날이었다. 내 동생의 출산을 얼마 앞 둔 만삭의 어머니는 몸을 움직이는 것을 매우 힘들어했다. 할아버지가 나를 어떤 가게에 데려갔다. 오늘날처럼 진찰실이 따로 있는 게 아니라, 가게 한켠에서 의사가 진료를 보는 곳이었다. 할아버지가 나를 계산대 위에 앉혔다. 나는 붉은색 벨벳 외투와 보닛 모자를 쓰고 있었다. 의사가 내게 입을 벌리라고 해서 입을 벌렸다. 조금도 칭얼대지 않고, 나는 무엇이든 의사가 시키는 대로 다 했다. 주위에서 이 모습을 구경하던 사람들은 무척 놀라워했다. '작고 어린 아이가 저렇게 순하게 의사 말을 잘 듣다니…' 하는 표정들이었다. 또다시 입을 벌렸다. 의사가 뭔가를 그 안에 집어넣더니(난 그것이 숟가락일 거라고 생각했다) 내 혀를 꽉 눌렀다. 집으로 돌아온 후 할아버지는 할머니와 어머니에게 내가 얼마나 점잖고 씩씩하게 진찰을 받았는지를 자랑스럽게 이야기했다. 그 일은 내 자신에 대한 나의 첫 기억이기도 하다. 나는 큰 일에 대해서건 작은 일에 대해서건 칭찬받는 것을 아주 좋아했다. 할아버지가 나를 아주 착한 아이라고 말씀해 주셔서 난 그날 더없이 행복했다.

외조부모님 집에 살면서 나는 외가댁의 가족사에 대해 많이 알게 되었다. 내 증조부님, 즉 내 할머니의 아버지는 퍼시벌(Percival)이라는 성을 가진 스코틀랜드계 아일랜드인이었는데 어릴 때 배에 실려 미국으로 팔려왔다고 했다. 그는 백인이었지만 자유인은 아니었다.

그 당시에는 유럽의 가난한 백인들이 도제식 하인으로 미국에 팔려오는 경우가 종종 있었다. 미국으로 가는 뱃삯을 지원받는 대신 뱃삯을 지불한 미국인의 집에서 몇 년 동안 도제살이를 하는 식이었다. 하인으로 일하는 동안에는 모든 권리를 박탈당한 채 노예처럼 취급당했다.

내 증조할아버지는 사우스캐롤라이나 주의 찰스톤 항구를 통해 미국에 들어왔고, 즉시 앨라배마로 데려와졌다. 그리고 파인레벨에 사는 라이트라는 사람 집에서 도제살이를 했다. 그들은 증조할아버지의 성인 퍼시벌을 바꾸지 않고 그대로 쓰게 했다. 그것은 흑인 노예들과 백인 도제들과의 커다란 차이였다. 흑인 노예들은 자신들의 원래 이름을 버리고 주인들이 새로 붙여주는 이름을 쓰는 것이 관행이었다.

증조할아버지는 메리 제인 노블스라는 흑인 여자와 결혼했다. 그녀는 노예이면서 산파로 일하던 사람이었다. 딸 둘과 아들 하나를 낳은 지 얼마 후 링컨 대통령이 노예해방을 선포했다. 증조부모님은 그 후 여섯 명의 아이를 더 낳았다. 그중 맏딸이자 내 외할머니인 로즈가 다섯 살이 되던 해 마침내 남북전쟁이 끝났다. 북부 연방군이 남부 연합군에게 승리한 것이다.

외할머니에 따르면, 북부 연방군이 도착하기 전에 남부의 노예 주인들은 노예들에게 땅을 파게 한 뒤 은그릇이나 보석 등 자신들의 귀중품들을 묻었다고 한다. 그리고 나서, 그 구덩이 위로 노예 아이들을 데려가 마구 뛰어 놀도록 시켰다고 한다. 구덩이를 갓 덮은 흙이 단단해져서 의심스럽게 보이지 않도록 하기 위해서였다.

전쟁이 끝난 후 노예제도는 완전히 폐지됐다. 하지만 많은 흑인들은 여전히 노예생활을 계속했다. 어디로 가야할지, 무엇을 해야 할지 몰랐고, 정든 집을 떠나는 것도 원치 않았다. 내 증조부님들 역시 라이트 집안 소유의 땅에 있던 당신들의 집에 계속 거주하면서 라이트 집안을 위해 일했다. 노예해방 이후의 삶은 그 이전의 삶과 크게 다르지 않았다. 하지만 그들은 자신이 원하기만 하면 언제든 떠날 수 있게 되었다는 것, 능력만 있으면 땅을 소유할 권리가 있다는 것을 잘 알고 있었다. 얼마 후 증조부님은 허드슨 가문 농장의 땅 12에이커를 사들였다. 비용을 어떻게 마련했는지 지금도 나는 모른다.

증조할아버지는 식탁을 하나 만들었다. 온가족이 모여 식사를 할 수 있을 만한 커다란 식탁이었다. 노예해방 이전에는 그런 식사란 가당치도 않았다. 당시 맏딸이던 내 할머니는 여섯 살에 불과했지만 밤이면 호롱불을 들고 식탁 만드느라 땀 흘리는 당신 아버지의 곁에 서서 불을 밝혀 드렸다고 한다. 나는 지금도 그 식탁에서 가족들과 밥을 먹는다.

낮 시간에 증조할아버지는 전 주인이던 라이트 집안을 위해 가구 만드는 일을 했다. 우리가 쓸 식탁을 만들 때도 라이트 집안의 연장을 사용했을 것이다. 작은 망치나 도래송곳은 증조할아버지 소유의 것이었을 수도 있다. 도래송곳이란 나무에 구멍을 낼 때 사용되는 작은 연장이다. 증조할아버지는 못 대신에 나무 조각을 다듬어 쐐기처럼 구멍에 끼워 식탁의 상판과 다리를 이었다.

노예해방 이후 내 외할머니는 라이트 씨 집으로 옮겨가 살았다. 그의 아기를 돌보는 일을 하기 위해서였다. 할머니는 겨우 여섯 살이었지만 안심하고 갓난아기를 맡겨도 될 만큼 일을 잘했다. 아기를 돌보는 대신, 밭에 나가 일하거나 다른 집안일을 거들 필요는 없었다.

내 외할아버지의 아버지는 존 에드워즈라는 이름의 백인 농장주였고, 어머니는 그 농장주의 집에서 가정부이자 침모로 일하던 노예였다. 추측컨대, 그녀는 흑백 혼혈이었을 것이다. 그녀와 농장주 사이에서 태어난 아들인 외할아버지의 외모가 거의 백인에 가까웠기 때문이다. 그녀는 외할아버지가 아주 어릴 때 세상을 떠났고, 그 농장주 역시 젊은 나이에 죽었다.

부모님을 일찍 여읜 외할아버지 실베스터는 심한 학대를 받으며 자랐다. 배틀이라는 이름의 농장 감독관이 농장을 접수했는데, 그는 내 외할아버지를 무척 싫어해서 눈에 띌 때마다 그를 두들겨 팼다. 외할아버지에게 먹을 것도 거의 주지 않아, 부엌 바닥에 떨어진 음식 부스러기로 연명하며 살았다고 한다. 감독관은 그를 때리고, 굶기고, 신발도 주지 않았다. 그는 흑인에 대한 불타는 증오심을 내 외할아버지에게 전부 쏟아 부었다. 외할아버지는 당신 자식들과 손자들에게 늘 말했다. 남들에게 부당한 대우를 받을 때 결코 그것을 용납해선 안된다고. 외할아버지의 그 피맺힌 한은 대대로 우리 집안사람들의 유전자에 새겨져 내려오는 것 같다.

외할아버지는 감정이 격해 흥분을 잘하는 편이었다. 반면에 외할머니는 아주 조용한 분이었다. 외할아버지는 얼굴색이 꽤 희고 머리가 직모여서 그를 백인으로 착각하는 사람들이 적지 않았다. 그는 자신이 백인으로 보인다는 점을 십분 활용하여, 틈만 나면 백인들의 심기를 건드리는 언행을 일삼았다. 외할아버지를 모르는 백인들은 그와 만나면 자연스레 악수를 청했고, 그를 옆 사람에게 소개해주기도 했다. 그러면 외할아버지는 "예, 저는 에드워즈라고 합니다."라며 선뜻 악수에 응했다. 그중에는 외할아버지를 알아보는 사람들도 종종 있기 마련이었는데, 그들은 곧 옆 사람에게 "저 자는 백인이 아니야"라고 귀띔하며 오만상을 짓기 일쑤였다. 당시 흑인들에게는 백인들과 악수하는 것도, 자신을 소개할 때 자신의 성을 말하는 것도 금기였다. 오직 이름만을 말해야 했다.

때때로 외할아버지는 백인들을 부를 때 성을 빼고 이름만 부르기도 했다. 물론 '씨'(Mister, Miss) 자를 빼고서다. 백인들이 그것을 반길 리 없었다. '씨' 자를 빼고 백인을 부른다는 것은 당시로서는 거의 상상할 수도 없는 일이었기 때문에 외할아버지의 그런 행동은 큰 위험을 초래할 수도 있는 일이었다. 외할아버지는 이렇게 백인들을 골탕 먹이기를 즐겼고, 그 때마다 돌아서서 쾌재를 불렀다.

외할아버지는 나나 내 동생이 백인 아이들과 어울려 노는 것을 원치 않았다. 허드슨 농장의 백인 감독관에게는 나와 내 동생 또래의 아이들이 있었다. 우리가 함께 놀려고 할 때마다 외할아버지는 크게 역정을 냈고, 서둘러 우리 둘을 그 아이들로부터 떼어놓았다. 심지어 그 아이들 근처를 지나가는 것도 막았다. 한 번은 마차 밑에 숨어 몰래 놀고 있는 우리 네 명을 발견하고는 크게 고함을 치면서 우리 둘을 질질 끌고 집으로 갔다.

외할아버지는 기회만 있으면 백인들을 욕했다. 그들이 큰 잘못을 하건 사소한 실수를 하건 상관없었다. 백인들에 대한 깊은 적개심을 외할아버지는 그렇게 표출했다. 외할아버지의 이런 성격을 아는 백인들은 감히 그의 곁에 얼씬거릴 생각도 하지 않았다. 그토록 다혈질이고, 그토록 입이 험했던 분이 어떻게 그 시대를 살아남을 수 있었는지 그저 놀라울 뿐이다. 그가 흰 피부를 갖지 못했다면 아마도 불가능했을 것이다.

외할아버지가 그렇게 거친 성격을 갖게 된 데에는 그가 다리를 저는 장애인이었다는 것도 한몫했을 것이다. 그는 류머티즘 관절염을 심하게 앓았다. 정확히 몇 살 때부터 다리를 절기 시작했는지는 모르지만, 꽤 젊을 때부터였던 것은 확실하다. 아예 걷지 못하는 날도 종종 있었다. 그러면서도 가족들을 먹여 살리느라 얼마나 애쓰셨는지 모른다.

외할아버지와 외할머니는 아주 젊을 때 결혼했다. 가정을 이룬 뒤 두 분이 가장 원했던 것은 당신 자손들이 절대로 백인들을 위해 접시를 닦거나 요리하지 않는 것이었다. 외할아버지는 자식들을 정규학교에서 교육시켜 그런 허드렛일을 하며 살지 않아도 되도록 하고 싶어 했다.

가정부나 하인은 급료가 너무 적었을 뿐 아니라 인간적으로 존중받지도 못했다. 노동시간이 너무 길어 학교에 다닐 짬도 낼 수 없는 직업이었다. 외할아버지가 내 어머니를 교육시켜 교사가 되도록 한 것은 바로 그 때문이었다. 교사직은 존경받는 직업이었고, 급료도 높았다. 물론 흑인 교사들은 백인 교사들보다 낮은 급료를 받았지만, 그래도 가정부보다는 훨씬 많이 받았다.

외조부모님은 자식이 셋이었다. 그중 딸 하나는 학교에 갈 나이가 되기도 전에 죽었다. 또 다른 딸인 페니 이모는 외할아버지가 그토록 원치 않는 일을 선택하고 말았다. 초등학교를 졸업한 후 중학교에 진학하지 않고 집을 떠나 몽고메리 시로 가서 백인의 집에 가정부로 들어간 것이다. 파인레벨에는 중학교가 없어서, 학업을 계속하려면 먼 도시로 떠나야 했다. 이모는 내 어머니보다 여섯 살 더 많았는데, 외조부모님은 두 딸을 동시에 학교에 보낼 만큼 넉넉하지는 못했다. 이모 역시 더 이상 학교에 다니는 것을 원치 않았다. 그 당시에는 흑인이건 백인이건, 대부분의 남부 여자들은 초등학교만 마치고는 더 이상 진학하지 않았다. 외할아버지는 페니 이모가 공부를 더 하기를 바랐지만 당사자인 이모가 그것을 원치 않았다. 가정부 월급이 형편없다는 걸 알면서도, 하루 빨리 돈을 벌어 독립하고 싶어 했다. 페니 이모는 결혼할 때까지 그렇게 혼자 삶을 꾸려갔다. 이모는 내 어머니보다 몇 년 빨리 결혼했다.

내 어머니 레오나 에드워즈는 앨라배마 주 셀마에 소재한 페인 대학에 다녔다. 졸업하진 못했지만 무사히 교사 자격증을 땄고, 파인레벨에서 교사로 일했다. 그리고 아버지를 만나 결혼했다.

나를 파인레벨의 외할아버지 댁으로 데려오고 내 동생 실베스터를 낳은 후 어머니는 교사직에 복귀했다. 파인레벨에 있던 흑인 학교에는 자리가 없어서 스프링힐에 있는 학교로 나갔다. 스프링힐은 파인레벨에 있는 외할아버지 댁에서 출퇴근하기에 너무 먼 거리였기 때문에 어머니는 주중에 학교 근처의 어느 가정집에서 하숙했다. 할아버지가 모는 노새 마차를 타고 어머니가 집을 떠나던 장면이 아직도 눈에 선하다. 어린 나는 왜 어머니가 멀리 떠나는지 이해하기 힘들었다. 내가 외할머니에게 물었다.

"엄마가 선생님 되는 수업을 받으러 가시는 건가요?"

할머니가 대답했다.

"아니란다. 엄마는 네가 태어나기 전에도 학생들을 가르쳤단다. 지금 다시 그 일을 하러 가시는 거야."

엄마가 다시 돌아오셨을 때 난 한없이 기뻤다.

나는 외조부모님과 함께 사는 것이 무척 좋았다. 때때로 외조부모님은 낚시터에 나를 데려갔다. 나이보다 어른스러웠던 나는 그들을 대신해 낚싯밥을 끼우곤 했는데 아마도 그래서 나를 열심히 낚시터에 데려갔는지도 모른다. 나는 벌레를 낚싯대 끝 갈고리에 살짝 걸쳐 끼웠다. 어떤 사람들은 아예 벌레를 죽여 끼우지만 나는 그렇게 하지 않았다. 벌레가 살아 움직일 때 물고기들이 훨씬 빨리 그 미끼를 무는 법이다. 벌레 대신 고기 조각이나 새우 꼬리를 미끼로 사용하는 사람들도 더러 있었다.

내 동생 이름인 실베스터는 외할아버지의 이름이기도 하다. 동생은 나보다 두 살하고도 일곱 달이 어렸다. 그는 항상 내 뒤를 졸졸 따라다녔고, 내가 하는 말을 무조건 따라 말했다. 말썽을 많이 피웠지만 나는 늘 그의 편을 들어주었다. 나는 기억을 못하지만, 외할머니가 들려준 에피소드가 하나 있다. 어머니가 안 계신 어느 날 할머니가 동생을 회초리로 때리려 했는데 내가 이렇게 말했다고 한다.

"할머니, 동생을 때리지 마세요. 그 앤 아직 아기잖아요. 엄마도, 아빠도 없는 아기란 말예요."

할머니는 잠시 나를 바라보고는 회초리를 내려놓았다. 실베스터가 저지른 말썽은 실로 부지기수였다. 그의 잘못을 숨기느라 내가 대신 맞은 회초리 수도 어마어마했다. 하지만 난 늘 그렇게 동생을 보호해 주었다.

2

만만찮은 여자아이

동생을 보호하는 습관을 익히면서 나는 내 스스로를 보호하는 법도 터득했다. 어릴 때부터 나는 무엇이 공평하고 무엇이 불공평한지에 대해 아주 민감했다. 그런 태도 때문에 종종 문제도 발생했다.

내가 열 살 무렵이던 어느 날, 프랭클린이라는 한 백인 남자아이를 길에서 우연히 만났다. 그의 체구는 나와 비슷하거나 나보다 약간 더 컸다. 그는 다짜고짜 뭐라고 말을 던지더니 나를 때리려 했다. 나는 옆에 있던 벽돌을 집어 들고 그에게 덤벼들었고, 그는 줄행랑을 쳤다.

나는 그 일을 대수롭지 않게 생각했다. 아마 그 백인 아이도 마찬가지였을 것이다. 하지만 며칠 후 아침식사를 하며 아무 생각 없이 내가 외할머니한테 그 이야기를 했다.

"얼마 전 프랭클린을 봤어요. 그 애가 나를 때리려고 해서 내가 돌을 들고 대들었어요."

할머니는 역정을 내며 백인들은 백인들이다, 백인들한테 그런 식으로 행동하거나 말하면 큰일 난다며 나를 심하게 꾸짖었다. 백인들이 나한테 무슨 짓을 해도 절대로 앙갚음할 생각을 말라는 것이다.

난 기분이 몹시 상했다. 내겐 나 자신을 방어할 권리가 있다고 굳게 믿었던 터였다. 할머니는 내가 너무 다혈질이어서, 잘못하다가는 스무 살도 되기 전에 백인들에게 해코지 당해 목숨을 잃게 될지도 모른다고 했다. 나는 더 이상 프랭클린과 맞붙지 않았다. 그가 두려워서가 아니라 단지 그에게 아무런 관심도 없었기 때문이다. 프랭클린과의 일보다는 할머니의 태도가 내게 더 큰 상처를 주었다. 마치 할머니가 프랭클린의 편을 드는 것같이 느껴졌다. 할머니가 나보다 프랭클린을 더 좋아하는 건 아닌가 하는 생각까지 들 정도였다.

세월이 한참 흘러서야 난 그날의 할머니를 이해할 수 있었다. 할머니는 나를 위해서 그렇게 역정을 냈던 것이다. 백인 아이들과 똑같은 행동을 하는 것이 내게 얼마나 큰 위험을 초래할 수 있는지 할머니는 잘 알고 있었다. 그 시절 미국 남부에서는 백인들이 반항적인 흑인들을 무참히 때리거나 살해하는 일이 드물지 않게 일어났기 때문이다.

백인 아이들과 싸울 일은 그리 많지 않았다. 대체로 백인 아이들은 백인 아이들끼리, 흑인 아이들은 흑인 아이들끼리 놀았다. 다니는 학교도 달랐고, 교회도 달랐다. 양쪽이 맞부딪치는 경우는 어쩌다 한 번 있을까 말까 했다.

동생과 나는 두 살 차이지만 일 년 차이로 초등학교에 입학했다. 내가 나이에 비해 체구가 작아서 어머니가 나를 일 년 늦게 학교에 보냈다. 나는 아주 허약했고 만성 편도선염을 앓았다. 그래서인지 성장 속도가 꽤 느린 편이었다. 동생과 나의 키가 거의 똑같을 정도였다. 때때로 동생이 나보다 더 몸무게가 나가기도 했다. 그의 눈은 살짝 찢어져서 얼핏 동양인처럼 보이기도 했다. 동생이 열서너 살 되던 무렵, 그를 늘 칭크(Chink, 중국인을 경멸조로 부르는 말 – 옮긴이)라고 부르던 한 아저씨가 있었는데 동생은 그를 죽도록 미워했다.

나는 여섯 살에 초등학교에 입학했다. 실베스터는 그 이듬해인 다섯 살에 입학했다. 선생님이 한 명뿐인 흑인 학교였는데, 우리 가족들이 다니던 마운트 자이온 교회 부지 내에 있었다. 당시에는 교회 건물이 학교로 이용되는 경우가 많았지만, 우리 학교는 별도의 건물을 갖고 있었다. 1학년부터 6학년까지 오륙십 명의 학생들이 한 교실에서 수업을 받았다. 연령별로 줄을 지어 앉았고, 고학년 학생들이 일어나 책을 읽으면 저학년 학생들이 따라 읽는 식으로 수업이 진행됐다.

샐리 힐 선생님은 나의 첫 선생님이었고, 아주 자상한 분이었다. 밝은 갈색 피부에 눈이 무지무지 컸다. 아이들에게 키가 작다고 놀림을 받을 때마다 나는 울면서 힐 선생님께 달려가 그녀의 무릎에 앉았다. 이따금 선생님은 나를 따로 불러 얘기도 들려주곤 했다.

나는 초등학교에 들어가기 전에 이미 어머니로부터 책 읽는 법을 배웠다. 사실 나의 첫 선생님은 어머니였다. 정확히는 모르지만, 아마도 나는 서너 살 때부터 글을 읽은 것 같다. 난 책 읽기를 아주 좋아했고, 셈하는 것도 좋아했다. 책을 손에 쥐고 조용히 앉아 책을 읽는 것, 혹은 읽는 척하는 것이 참으로 근사하게 느껴졌다. 모르는 단어가 나오면 그림을 보고 대충 이야기를 지어내며 읽었다.

내가 특히 좋아했던 학교 수업은 동화읽기와 마더구스 동요(Mother Goose Rhymes, 영국 전래 동요집 – 옮긴이) 읽기였다. 동화 〈빨강 모자〉가 재미있다는 소리를 듣고 그 책을 찾아보려 애썼던 기억도 난다. 간혹 힐 선생님이 읽어보라고 책을 주시면 그 자리에 앉아 다 읽을 때까지 일어나지도 않았다. 그리고는 의기양양하게 "선생님, 다 읽었어요." 라고 말했다. 얼마 후 글쓰기도 배우기 시작했다.

  1년 후 힐 선생님이 떠나고, 뷸러 맥밀런 선생님이 부임했다. 우리는 그녀를 '미스 뷸러'라고 불렀다. 교사생활을 아주 오래 하신 분이었는데, 내 어머니도 가르치셨다고 한다. 어머니는 당신이 그 학교에 다닐 때 찍었던 사진을 한 장 갖고 있었다. 전교생이 계단 위에서 줄맞추어 찍은 전형적인 학교 사진이었다. 어머니는 내게 그 사진을 아무에게도 보여주지 말라고 했다. 너무 낡아 너덜너덜해져 창피하다는 것이다. 하지만 난 그 사진이 좋았다. 종종 돋보기로 그것을 들여다보며 작은 얼굴들 하나하나를 유심히 관찰했다.

  뷸러 선생님은 좋은 분이었고, 난 여전히 학교를 좋아했다. 학교생활은 신났다. 쉬는 시간이면 여자 아이들은 함께 모여 노래 이어 부르기를 하며 놀았고, 남자 아이들은 공을 차며 놀았다. 여자 아이들이 공놀이를 한 적은 거의 없었지만, 우리 집에서는 했다. 어머니가 우리에게 공을 사주신 적이 몇 번 있었는데, 놀다가 잃어버리지 않도록 각별히 주의해야 했다. 난 몸을 많이 움직이는 놀이를 잘 하지 못했다. 걸핏하면 넘어져서 다치기 일쑤였다. 내 달리기 실력은 완전 바닥이었다.

달리기도 잘하고 공놀이도 잘하는 고학년 남학생들이 몇 명 있었는데 그들은 학교에 필요한 땔감 나무를 해오는 일을 도맡았다. 때때로 학부모들이 마차 가득 장작을 싣고 학교에 가져다 주는 경우도 있었다. 그럴 때면 역시 건장한 남학생들이 그 장작을 내려 교실 안으로 옮기는 일을 했다.

백인들이 다니는 학교에서는 학생들이 그런 일을 하는 경우가 없었다. 백인 학교의 난방은 시나 군 차원에서 책임지고 해결해 주었다. 우리 집에서 그리 멀지 않은 곳에 백인 학교가 세워지던 모습을 나는 아직도 기억한다. 근사한 벽돌 건물인 그 학교는 지금도 그곳에 건재하게 서있다. 그 학교 건물이 시의 예산으로, 즉 시민들의 세금으로 지어졌다는 것을 나중에 알았다. 물론 그 세금에는 흑인들이 낸 세금도 포함되어 있다. 흑인 학교는 어떠한 공적인 지원 없이 흑인들 스스로 학교를 짓고 흑인들 스스로 학교 난방을 해결해야 했다.

우리 학교와 백인 학교 간의 또 다른 큰 차이는, 우리는 일 년에 다섯 달만 학교에 가는 반면, 백인들은 아홉 달이나 간다는 사실이었다. 흑인 아이들 대부분은 봄철 파종기와 가을철 추수기에 부모를 도와 밭일을 해야 했다. 그들의 부모들은 주로 소작농

남부의 흑인 학교들은 작고 학생 수가 많았으며, 책상이 없는 경우가 대부분이었다.
(NAACP 홍보실 제공)

이었다. 소작농은 지주에게 땅을 빌려 농사를 지은 뒤 일정한 수확량만 자신들이 갖고 나머지는 지주에게 모두 바친다. 지주의 몫까지 농사짓느라 아이들의 고사리 손이 절실히 필요했다. 그래서 우리는 늦은 가을에서 초봄까지만 학교에 다닐 수 있었다.

나는 흑인과 백인의 차이에 대해 잘 알고 있었다. 외할아버지에게서 그가 어린 시절 백인 농장주에 의해 얼마나 학대당했는지 익히 들은 바 있었다. 어머니 또한 노예제도가 있던 시절에 얽힌 많은 이야기들을 내게 들려주었다. 노예들은 백인들 앞에서 항상 행복한 척 하며 지내야 했다는 얘기도 기억한다. 흑인들이 언짢은 표정을 하고 있으면 백인들은 크게 성질을 부렸다고 한다. 백인들은 노예들이 자기들을 좋아한다고 생각할 때 그들을 더 잘 대해주었다.

백인들이 죽으면 노예들은 아주 슬픈 척 해야 했다. 노예들은 손가락에 침을 묻혀 눈가에 발라 눈물을 흘리는 시늉도 했다. 부모들이 아이들 앞에서 그렇게 하면, 아이들도 따라서 눈가에 침을 묻혔다.

난 노예제도 하에서 살지 않는 것을 무척 다행이라 생각했다. 하지만 우리의 삶은 노예제도 하에서와 별반 다르지 않았다.

나는 흑인 아이들이 백인 아이들과 다른 학교에 다닌다는 것, 우리 학교가 백인 학교와 사뭇 다르다는 것을 잘 알고 있었다. 우리 학교의 창문은 나무판을 대어 열고 닫았지만, 백인 학교의 창문은 말끔한 유리로 만들어졌다는 것도 알았다.

몇몇 백인 아이들은 버스를 타고 학교에 다녔다. 흑인 아이들을 위한 버스는 없었다. 우리가 터벅터벅 학교로 걸어갈 때 백인 아이들을 태운 스쿨버스가 지나가곤 했다. 백인 아이들은 창밖으로 우리를 향해 쓰레기를 던졌다. 그 다음부터는 멀리서 스쿨버스가 오는 것이 보이면 미리 길을 벗어나 들판을 가로질러 학교에 갔다. 그 당시 우리 흑인들에게는 시민권이 없었기 때문에 백인 아이들의 그런 행동에 맞서거나 항의할 아무런 수단도 가지지 못했다. 그저 어떻게 해서든 그 순간의 위험을 피해 하루하루 살아남는 길 밖에 없었다.

파인레벨은 아주 작은 마을이어서 대도시에서보다는 흑백 분리주의가 덜 엄격하게 시행됐다. 그 마을에 흑인과 백인의 비율이 어느 정도였는지 기억나지는 않지만, 아주 작은 마을이었던 것은 확실하다. 버스나 급수대 등 공공시설이랄 수 있는 것도 별로 없어서, 예컨대 '흑인용 급수대'나 '백인용 급수대' 같은 것을 본 적이 없다. '읍내'라고 불릴 만한 곳도 없었다. 그저 잡화점 세 개가 있을 뿐이었다. 물론 가게 주인들은 모두 백인이었다. 그 가게 중 하나는 우체국을 겸했다. 마을에서 가장 가까운 철도역은 서쪽으로 20킬로미터나 떨어진 곳에 있었다.

여섯 살 정도가 되었을 때 나는 우리가 자유인이 아니라는 것을 알게 되었다. KKK(백인우월주의 비밀결사단체인 Ku Klux Klan의 약칭 - 옮긴이)가 흑인 거주 지역을 휩쓸고 다니며 교회를 불태우고, 사람들을 폭행하거나 죽이는 일이 비일비재했다. 나는 왜 KKK가 그 시점에 그렇게 난리를 피웠는지 꽤 나중에야 알았다. 제1차 세계대전이 끝난 후 고향으로 돌아온 흑인 군인들이 자신들도 백인 군인들처럼 국가를 위해 목숨을 걸고 봉사했으니 동등한 권리를 달라고 주장한 모양이었다.

백인들은 그런 흑인들의 요구를 가당치 않다고 여겼고, 흑인들에게 온갖 폭력을 휘두르기 시작했다. 흑인들은 아무 권리도 가질 수 없다는 것을 보여주기 위해서였다.

백인들의 폭력이 너무 심해지자 외할아버지는 늘 장총을 지니고 다녔다. 할아버지는 KKK가 언제 우리 집에 쳐들어올지 모르니 옷을 입은 채 잠을 자라고 말했다. 그래야 재빨리 도망칠 수 있기 때문이었다. 할아버지가 한 말씀이 아직도 생생하다.

"그런 일이 발생하게 되면, 글쎄다, 내가 얼마나 오래 버틸 수 있을지는 모르지만, 적어도 우리 집안에 처음 발을 들여놓는 놈은 반드시 내 손으로 처치하고 말테야."

우리는 고속도로가 지나는 곳 바로 옆에 살았다. 말이 고속도로이지 아스팔트로 포장된 도로가 아니라 자갈을 깔아놓은 길에 불과했다. KKK는 주로 그 고속도로를 통해 이동했다. 할아버지는 밖에 나가 적극적으로 그들과 대적하진 않았지만, 그들이 집으로 쳐들어오는 것은 어떻게든 막아내겠다고 다짐했다. 나는 어떤 일이 일어나든 그 현장을 꼭 목격하고 싶었다. 내 눈으로 할아버지가 장총을 쏘는 모습을 보고 싶었다. 매일 밤 할아버지는 난로 옆 흔들의자에 늦게까지 앉아 있었고, 나는 할아버지의 무릎에 앉아 잠들곤 했다. 할아버지 옆에는 늘 장총이 대기 중이었다.

다행히 KKK는 우리 집에 들이닥치지 않았다. 그리고 얼마 후 흑인들에 대한 KKK의 무차별적 폭력도 시들어갔다. 하지만 폭력이 아주 사라진 건 아니었다. 여러 가지 형태의 폭행 사건에 대한 소식은 끊임없이 우리 귀를 때렸다.

나는 어렸기 때문에 인종차별에 대한 책이나 신문기사를 많이 읽지는 못했지만 많이 듣기는 했다. 흑인들이 살해당한 채 발견됐다는 것, 살인자는 끝내 밝혀지지 않았다는 것 등의 얘기였다. 백인들이 아무 흑인이나 잡아서 땅에 생매장하는 일도 종종 있었다. 이따금 사람들이 물어본다. 그런 공포 속에서 어떻게 살아갈 수 있었냐고. 하지만 그 때의 내게는 파인레벨이 세상의 전부였고, 삶이란 다 그런 것이려니 생각했다.

외조부모님은 그 동네에서 땅을 소유한 유일한 흑인이었다. 그들은 18에이커의 땅을 소유했는데, 그중 12에이커는 증조할아버지 제임스 퍼시벌에게서 물려받은 것이다. 증조할아버지와 그의 부인 메리제인은 노예해방 직후 그 땅과 조그마한 오두막 집

한 채를 샀다. 나머지 6에이커는 내 외할머니인 로즈가 다른 사람으로부터 증여받은 땅이었다. 로즈 할머니는 땅 주인인 라이트 씨의 어린 딸을 돌봐주었었다. 그 딸은 커서 모세스 허드슨이라는 몽고메리 출신의 상인과 결혼했다. 라이트 가문의 땅은 훗날 그 딸의 소유가 되었고 농장 이름도 허드슨 농장으로 바꿨다. 모세스 허드슨은 6에이커의 땅과 라이트 씨 가족이 살던 집을 내 할머니에게 주었다. 우리가 살던 집이 바로 그 집이다.

우리는 여러 가지 과일과 호두, 밤나무 등을 경작했다. 정원도 가꾸고 닭과 소도 몇 마리 키웠다. 가게에 갈 일은 많지 않았다. 이따금 할아버지가 마차를 몰고 가게에 갈 때면 나와 동생도 대동했다. 할아버지는 달걀이나 닭, 송아지 고기 등을 들고 가서 다른 생필품과 교환했다. 가게는 우리가 필요한 것은 무엇이든 갖추고 있었다. 나는 가게에 있는 옷을 구경하는 것을 특히 좋아했다. 하지만 그곳에서 옷을 산 기억은 없다. 필요한 옷은 전부 어머니가 만들어 주었기 때문이다. 집안의 현금 소득은 어머니가 교사 일을 하면서 받은 월급, 어른들이 다른 사람들의 농장에서 일해주고 받은 품삯이 전부였다.

우리는 우리 밭에서 일이 다 끝나면 허드슨 집안의 농장에 가서 일했다. 셔먼 그레이 씨가 일꾼들 관리를 맡았는데, 우리는 항상 그를 '미스터 셔먼', 혹은 '미스터 그레이'라고 불렀다. 나이가 많은 아저씨였을 뿐더러 우리 모두 그를 무척 존경했기 때문이었다. 백인 피가 반이 섞인 아저씨여서, 사람들은 그를 '높은 깜둥이'(top nigger)라고 불렀다. 그는 우리 집 근처에 살며 대가족을 거느렸다.

나는 아주 어릴 때부터 밭일을 도왔다. 아마 예닐곱 살 때부터였을 것이다. 다른 아이들과 마찬가지로, 주로 빈 밀가루 포대를 들고 다니며 다른 사람들이 따놓은 목화솜을 그 안에 담는 일을 했다. 우리는 누가 먼저 자루를 채우나 하며 마치 게임하듯 일을 했다. 좀 더 커서 힘이 세진 후에는 직접 목화를 따거나 김매는 일을 했다.

목화는 가을에 수확한다. 수확된 목화를 조면기로 가져가 솜과 씨를 분리한다. 김매기는 목화나무가 어릴 때인 봄에 주로 한다. 목화나무 주위의 잡초를 뽑고, 때로는 나무의 잔가지를 쳐내어 나무가 튼튼히 자랄 수 있게 한다.

우리는 김매기 할 때는 일당 50센트를 받았고, 목화를 딸 때는 목화 100파운드당 1달러를 받았다. 하지만 내가 목화를 몇 파운드나 땄는지는 알 수 없었다. 어른들이 딴 목화 자루와 아이들이 딴 목화 자루를 모두 함께 쌓아놓았기 때문이다. 우리 가족 역시 우리가 딴 목화는 한 곳에 쌓아두었다. 내가 열한두 살 되면서부터 내가 딴 목화 자루는 따로 두었다.

목화를 따고 김을 매는 일은 아주 고된 노동이었다. 우리가 늘 하는 말 중에 "할 수 있을 때부터 할 수 없을 때까지"(from can to can't)라는 말이 있었다. 일을 할 수 있을 때(해 뜰 때)부터 일을 할 수 없을 때(해 질 때)까지 노동한다는 뜻이다. 태양이 살갗을 뚫고 들어와 내장까지 태워버리는 듯한 그 기억을 난 죽을 때까지 잊지 못할 것이다. 달구어질 대로 달구어진 흙도 내 발을 구워버리기 일쑤였다. 신발을 신어봤자 소용없었다.

사실 우리는 거의 신발을 신지 않고 일했다. 그래서 당시에 이런 표현도 있었다. "신발은 누가 신지? 호스(horse, 말)와 보스(boss, 감독관)!" 허드슨 농장 일꾼들도 예외가 아니었다. 백인 감독관인 프리먼 씨와 그가 타는 말만 신발을 신고 일했다.

프리먼 씨는 농장의 총책임자였다. 외할아버지는 우리가 그의 아이들과 어울려 노는 것을 결사적으로 막았다. 셔먼 그레이 씨는 프리먼 씨에게 이렇게 물었다.

"우리 흑인들이 없으면 당신들 백인들은 대체 어떻게 살아갈 텐가?"

열심히 일하는 농장 일꾼들한테 격려의 말이라도 해달라는 의미였다. 프리먼 씨는 권위적인 목소리로 대꾸했다.

"이보게 셔먼. 자네들이 아니어도 일할 사람은 아주 많다네. 일 못해서 안달인, 못난 깜둥이들이 즐비하단 말일세."

그가 이렇게 말하는 것을 내 귀로 직접 들었다. 바로 그 옆에서 일하고 있었기 때문이다.

우리 이웃에 살던 한 아저씨가 생각난다. 거스 본(Gus Vaughn)이라는 이름의 그 아저씨는 조상 대대로 백인 피가 단 한 방울도 섞이지 않은 사람으로서, 자식이 아주 많았다. 그의 부인과 아이들 역시 우리가 일하던 농장에서 일했다. 하지만 거스 아저씨는 일은 하지 않고 지팡이를 짚은 채 주위만 걸어 다녔다. 그는 절대로 다른 사람을 위해 일하지 않았다. 오직 지팡이에 몸을 의지한 채 주변을 배회하며 욕설만 해댔다. 그런 거스 아저씨를 몹시 못마땅해하던 프리먼 씨가 어느 날 그에게 말을 던졌다. "거스, 자넨 정말 정 떨어지는 인간이야." 거스 아저씨가 대꾸했다. "난 댁한테는 떨어질 정도 없수다." 난 그 때는 거스 아저씨의 그 말을 이해하지 못했다. '나도 자네가 싫어'라는 뜻인 줄을 한참 후에 알았다.

그렇게 해서 나는 프리먼 씨 밑에서 일하지 않는 흑인이 최소한 한 명 있다는 것을 알게 되었다. 백인들은 곧잘 말했다. 백인에게 덤비는 흑인들은 피부가 비교적 흰 흑인들이라고. 그 말을 들을 때마다 나는 백인 피가 한 방울도 섞이지 않은 거스 아저씨를 떠올리곤 했다.

파인레벨에 사는 모든 백인이 흑인에게 그렇게 적대적이었던 것은 아니다. 나는 모든 백인이 우리를 미워한다고 느끼며 자라지 않았다. 내가 아주 어릴 때 한 백인 할머니가 종종 나를 데리고 낚시하러 갔던 기억이 있다. 그 할머니는 아주 마음씨 좋았고, 나를 흑인 아이가 아닌 그냥 아이로 대했다. 내 외조부모님 집에 놀러 와서 한참 동안 수다를 떨다 가기도 했다. 파인레벨에는 선한 백인들도 더러 있었다.

3

몽고메리에서의 학창시절

유년시절의 내게는 파인레벨이 세상의 전부였다. 내가 파인레벨에서 가장 가까운 대도시인 몽고메리에 처음 갔던 것은 여덟 살 때였다. 어머니는 교사 일을 계속하려면 교사 자격증을 갱신해야 했다. 그래서 그 해 여름 몽고메리에 소재한 앨라배마 스테이트 노멀(Alabama State Normal)이라는 흑인 교육대학에서 여름학기를 수강했다. 그 대학이 바로 지금의 앨라배마 주립대학이다.

우리는 파인레벨에서 몽고메리까지 자동차를 타고 갔다. 나는 유년기에 버스를 타본 기억이 없다. 나중에 내 남편에게서 들은 바에 따르면, 터스키기와 몽고메리를 오가는 버스가 있었다고는 한다.(내 남편은 한 때 터스키기에서 산 적이 있다.) 하지만 백인들만 그 버스 안에 탈 수 있었고, 흑인들은 백인들의 짐짝과 함께 버스 지붕 위에 앉아 가야했다. 하지만 나는 파인레벨에 사는 동안 그런 이야기를 한번도 들은 적이 없었다. 그런 버스가 있었다면 파인레벨의 흑인들이 그런 모욕을 참고 지냈을 리 없다. 파인레벨 흑인들은 자동차로 이동하는 것을 더 좋아했다.

파인레벨에는 자동차를 소유한 흑인들이 몇 명 있었는데, 그들은 돈을 받고 차 없는 사람들을 여기저기 태워다 주기도 했다. 그런 차를 타려면 차 주인의 스케줄에 맞춰야 하기 때문에 때로는 서두르지 않아도 될 여행을 꼭두새벽에 떠나는 경우도 있었다. 트럭을 소유한 사람들은 짐칸에 동네사람들을 태우고 다녔다. 난 트럭을 타본 적은 없었다.

우리 가족은 베어풋 씨의 차를 주로 이용했다. 도시에 갈 일이 있을 때마다 우리는 새벽같이 일어나야 했다. 베어풋 씨는 작은 포드자동차에 사람들을 가득 태우고 도시로 달렸다.

몽고메리 시내에는 버거홈(Bougahome)이라는 쇼핑거리가 있었다. 우리는 그것을 버그홈(bug home, 벌레집 - 옮긴이)이라 불렀다. 농부들에게 필요한 여러 집기나 도구를 파는 가게가 많은 거리였고, 몽고메리에 갈 때마다 제일 처음과 제일 마지막에 들리는 곳이기도 했다.

몽고메리에서 며칠 머물러야 할 때면 잠 잘 곳을 잘 찾아야 했다. 흑인들은 시내 호텔이나 백인 여관에 묵을 수 없었다. 흑인 여관도 있었지만 우리 형편에는 너무 비싸서 친척집에서 묵었다. 우리는 돈이 별로 없었다. 아버지는 몇 년째 집을 비운 상태로 우리에게 연락도 별로 하지 않았다. 이따금 편지를 보내긴 했지만, 돈을 부쳐온 경우는 거의 없었다. 사실 여자와 아이들에겐 여관보다 친척집이 백배 안전했다.

어머니와 나는 로즈 외할머니의 사촌인 이다 노블스 할머니 댁에 묵었다. 동생은 너무 어려 여행에 함께 오지 않았다. 독신인 이다 할머니는 여동생의 아들 하나를 키우고 있었다. 시카고로 이사한 여동생이 전차에 치어죽자 그 아들을 데려와 키우게 된 것이다. 아들은 16살로 내 눈에는 어른처럼 보였다. 이다 할머니는 나를 아주 좋아해서 나를 당신 딸로 삼고 싶다고 했다. 어머니도 내가 몽고메리에서 학교에 다니면 좋겠다고 생각했다. 그곳에선 1년에 아홉 달을 학교에 다닐 수 있기 때문이었다. 더구나 이다 할머니 옆집에 의사 한 분이 살았는데, 내 편도선이 말썽을 피우면 곧바로 그 의사의 도움을 받을 수 있다는 것도 큰 장점이었다. 나를 위해서는 아주 이상적인 조건이었다. 어머니는 학기 중에만 나를 맡아줄 수 있겠느냐고 이다 할머니에게 물었다. 하지만 할머니는 나를 정식으로 입양하여 당신 딸로 맞기를 원했다. 내 이름을 포함한 모든 걸 싹 바꾸는 그런 입양을 원했다. 난 어른들의 계획을 자세히 알지 못했다. 그저 나를 당분간 '다른 사람의 보호 하에 두려나 보다.'라고 생각했다. 어머니가 나의 입양을 허락하지 않자, 이다 할머니는 노발대발했다. 우리는 할 수 없이 다른 친척집으로 옮겨갔다. 어머니는 나중에 내게 자세한 내막을 말해 주었다. 난 이다 할머니와 그의 조카랑 살기보다는 어머니와 동생 실베스터랑 사는 게 훨씬 좋았다.

우리는 어머니의 사촌이자 로즈 외할머니의 조카인 렐라 아저씨 집으로 옮겨가 묵었다. 렐라 아저씨는 퍼시벌 성을 가진 사람 중 하나였다. 아저씨의 부인은 사포니아였고, 두 사람은 폴린과 클로드, 그리고 갓 태어난 모리스 등 세 아이를 두었다. 갓난아기가 있는 집에 묵어본 것은 처음 있는 일이었는데, 신기하고 재미있었다. 어머니와 나는 어머니의 여름학교가 끝날 때까지 그 집에 머물렀다.

어머니는 당신이 여름학기를 수강하는 동안 나를 같은 학교에서 수업을 받게 했다. 난 학교 가는 걸 좋아했고, 또 겨울보다는 여름에 훨씬 건강했다. 아파서 수업에 빠진 적이 그리 많지 않았다. 앨라배마 스테이트 노멀은 교사가 되려는 학생들이 교생실습을 하는 일종의 실험학교였다. 그 학교는 파인레벨에서 내가 다니던 학교보다 훨씬 컸다. 툴리바디 홀이라는 큰 벽돌건물과, 네다섯 개의 작은 건물들이 있었다. 관중석이 있는 커다란 운동장도 있었다. 나는 파인레벨로 돌아가기 전까지 몇 주 동안만 그곳에서 수업을 받았다.

파인레벨에 돌아오자마자, 내가 다니던 마운트 자이온 학교가 폐쇄되어 스프링힐에 있는 학교에 다녀야 한다는 소식을 들었다. 집에서 십 킬로미터도 넘게 떨어진, 어느 교회에서 운영하는 학교였다. 어머니가 교사로 일하시는 바로 그 학교이기도 했다. 어머니는 여전히 주중에 스프링힐에 머물렀다. 실베스터와 나는 집에서 학교까지 그 먼 길을 매일 걸어 다녔다.

어머니는 참 좋은 선생님이었다. 학교에는 별도의 체육관이 없었지만, 어머니는 운동의 중요성을 알고 있었고, 매일 아침 학생들을 밖으로 데리고 나가 체조를 시켰다. 어머니는 읽기나 쓰기 외에도 여러 가지 창의적인 수업을 진행했다. 여자아이들은 바느질과 뜨개질을 배웠고, 옥수수 껍질과 솔잎을 이용해 바구니도 만들었다. 나는 열한 살이 될 때까지 어머니에게서 수업을 받다가, 그 후 몽고메리에서 학업을 계속했다.

몽고메리에서 내가 다니던 학교의 정식이름은 몽고메리 실업학교(Montgomery Industrial School)였는데, 대부분 사람들은 그냥 미스 화이트라고 불렀다. 앨리스 L. 화이트 여사가 그 학교의 교장이자 공동설립자이기 때문이었다. 또 다른 공동설립자는 마가렛 비어드 여사였다. 교장을 비롯하여 교사들은 모두 백인이었고, 학생들은 모두 흑인 여자아이들이었다. 스프링힐과 인근 지역에는 중학교가 없었기 때문에 어머니는 나를 몽고메리로 보냈다. 중학교에 진학하고자 하는 흑인 아이들은 모두 몽고메리의 앨라배마 스테이트 노멀 실험학교에 다녔다.

만일 내가 이다 할머니에게 입양되었다면 몽고메리의 공립 중학교에 다녔을 것이다. 내가 어릴 때에는 스웨인 스쿨로 불리다가 나중에 부커 T. 워싱턴 학교라는 이름으로 바뀐 학교다. 이다 할머니와 나는 그 학교 옆을 몇 번 지나간 적이 있는데 그 때마다 할머니는 내가 당신에게 입양되면 다니게 될 학교라고 말하곤 했다. 물론 나는 입양되지 않았고, 따라서 그 학교에 다니지 않았다. 대신 어머니는 그보다 더 좋다고 소문난 미스 화이트로 나를 보냈다. 어머니는 내가 그곳에서 최상의 교육을 받기를 기대했다.

미스 화이트 교장 선생님은 매사추세츠 주 멜로즈 출신이었고, 나머지 교사들도 모두 북부 출신 백인 여성들이었다. 그들은 흑인 여자아이들을 가르치러 고향을 떠나 이곳에 도착한 바로 그 순간부터 몽고메리 백인 사회로부터 철저히 따돌림을 당했다. 그들은 흑인 친구들을 사귈 수밖에 없었고, 교회도 흑인교회를 다녀야 했다. 미스 화이트는 아주 힘든 시절을 겪어왔다. 초기에는 백인들이 불을 질러 학교가 몽땅 불타버린 적도 두 번이나 있었다. 내가 그 학교에 입학한 것은 학교가 세워진 지 꽤 여러 해가 지난 뒤였다.

 미스 화이트에 입학하기 전, 나는 편도선 제거 수술을 받았다. 두 살 때부터 편도선염을 줄곧 앓기 시작해서 특히 겨울철에는 학교 빠지기를 밥 먹듯 했다. 스프링힐에 찬바람이 불기 시작한다 싶으면 그때부터 감기몸살을 달고 살았다.
 시골에 살 때 나를 진료하던 의사는 내 심장이 너무 약해서 전신마취를 감당하지 못할 것이기 때문에 부분마취만 시켜 편도선 제거 수술을 받아야 한다고 말했었다. 그는 내 어머니 앞에서 편도선 제거 수술이 어떻게 행해지는지 직접 시늉을 해보였다. 그 의사를 그다지 미더워하지 않았던 어머니는 결국 나를 몽고메리에 있는 의사에게 데려가기로 결정했다. 페니 이모도 함께 갔다. 이모에겐 나보다 몇 달 늦게 태어난 토마스라는 아들이 있었다. 그의 편도선에는 아무 이상이 없었다. 하지만 한 명의 수술비용으로 두 명의 편도선을 제거해주겠다는 말에 졸지에 토마스도 수술을 받았다.

편도선 제거 수술 후 나는 무척 앓았다. 먹지도 못했고, 눈은 거의 뜰 수 없을 정도로 부었다. 목도 생각한 것만큼 빨리 회복되지 않았다. 근처 보건소에 이틀 정도 입원한 후, 어머니는 나를 다시 파인레벨로 데려갔다. 그곳에서 참으로 여러 날을 몸져 누워 보냈다. 토마스는 경과가 좋아 금세 회복했다. 몸이 다 나은 후부터 나는 예전보다 훨씬 성장속도가 빨라졌다.

수술 이후 편도선 때문에 앓는 일은 없었다. 하지만 워낙 오래 수업을 빠졌기 때문일까. 미스 화이트 선생님들은 나를 6학년이 아닌 5학년에 배정했다. 스프링힐에서 5학년을 다 마쳤지만, 그들은 촌구석에서 5학년을 마친 학생은 도시에서 마친 학생보다 조금 뒤쳐져 있을 것이라 생각했다. 하지만 난 반 학기 만에 6학년으로 월반했다.

내가 미스 화이트에 입학한 것은 열한 살 때였고, 그때는 어머니가 등록금을 냈다. 하지만 어머니의 경제사정이 아주 안 좋을 때엔 근로 장학금을 받았다. 나는 책상을 닦고, 교실바닥을 걸레질하고, 칠판을 닦았다. 나는 그 학교가 단지 학생들의 등록금으로만 운영되는 것이 아니라는 사실을 알고 있었다. 미스 화이트는 지역 장로교회나 연합교회로부터 지원금을 받았던 것 같다. 줄리어스 로젠월드(Julius Rosenwald) 씨가 우리 학교를 방문한 적이 있는 것으로 보아, 로젠월드 재단(Rosenwald Fund)의 도움도 받았을 것이다. 학생들은 그와 직접 인사할 기회가 없었지만, 그가 누구인지 우리는 잘 알고 있었다. 그는 학교를 둘러보고 수업을 참관했다. 내가 입학한 지 얼마 되지 않은 때였다.

로젠월드 씨는 씨어스 로벅 기업(Sears, Roebuck & Co.)의 회장으로서 백만장자였다. 그는 교육에, 특히 남부지역 흑인 어린이들의 교육에 관심이 많아 여러 시골 마을에 교실 하나짜리 학교를 지었고, 사람들은 그것을 로젠월드 학교라고 불렀다. 어머니가 종종 그 학교에 대해 말했던 것이 기억난다. 하지만 미스 화이트는 교실 한 개짜리 학교가 아니었다. 무려 3층짜리 빌딩이었다. 사실 그 건물은 아직도 그 자리에 있다. 단지 지금은 부커 T. 워싱턴 고등학교의 부속 건물로 바뀌었을 뿐이다.

미스 화이트와 울타리 하나를 사이에 두고 남녀공학인 가톨릭 학교가 있었다. 그곳 학생들도 모두 흑인이고 교사들과 성직자들은 모두 백인이었다. 우리 학교와 그 학교 사이에는 모종의 적대감이 감돌았었다. 높디높은 울타리가 아니었다면 두 학교 간의 적대감은 더욱 악화되었을 것이다. 때때로 가톨릭 학교 학생들이 울타리 위로 올라가 우리 학교를 내려다보곤 했다. 하지만 그다지 불미스러운 일은 발생하지 않았다. 두 학교 학생들이 언쟁을 하거나 맞붙어 싸우는 일이 없도록 교장 선생님이 수시로 순찰을 돌았기 때문이다. 옆 학교 학생들과는 어떤 대화도, 어떤 다툼도 허용되지 않았다.

우리는 주로 걸어서 학교에 다녔다. 날씨가 안 좋을 때만 전차를 탔다. 그 당시 몽고메리에는 버스가 없었다. 전차 안에서 흑인과 백인은 따로 있어야 했다. 흑인들은 전차에 타는 즉시 제일 뒤편으로 가도록 되어 있었다.

몽고메리에서 나는 전차뿐 아니라 여러 가지 다른 형태의 흑백 분리에도 익숙해져야 했다. 공공 급수대도 그중 하나였다. 몽고메리의 모든 공공 급수대에는 '백색'(white, 백인의 줄임말 - 옮긴이) 아니면 '유색'(colored, 유색인의 줄임말 - 옮긴이)이라는 표시가 붙어있었다. 모든 흑인 어린이들이 그랬던 것처럼, 나 역시 '백색' 물은 '유색' 물과 그 맛이 어떻게 다를지 무척 궁금했다. '백색' 급수대에서는 하얀 물이, '유색' 급수대에서는 여러 가지 색의 물이 나올지도 모른다고 생각했다. 두 급수대에서 나오는 물에 전혀 차이가 없다는 것을 안 것은 한참이 지나서였다. 맛도 똑같고 색깔도 똑같았다. 다른 것이라곤, 누가 어떤 급수대에서 물을 먹을 수 있느냐였다.

급수대를 "Colored"와 "White"로 구분하여 설치하는 것이 법이었다. (사진: 존 배컨, 미국 의희도서관 제공)

그 때 나는 페니 이모와 그녀의 네 자녀, 즉 하워드, 토마스, 애니메이, 엘라와 함께 살았다. 이모부는 오래 전에 돌아가셨다. 우리는 시에서 약간 떨어진 외곽에 살았는데, 집으로 가려면 어떤 백인의 집 앞을 반드시 거쳐야 했다. 어느 날, 내 사촌 애니메이와 내가 다른 몇몇 아이들과 함께 학교를 마치고 집으로 걸어가고 있었다. 내 사촌들은 공립학교에 다녔고, 나만 미스 화이트에 다녔다. 우리가 걸어가는데 갑자기 백인 남자아이 하나가 롤러스케이트를 타고 우리 쪽으로 오더니 하필이면 나를 인도 밖으로 떠밀어버리려 했다. 나는 돌아서서 그를 밀쳤다. 어떤 백인 아주머니가 가까이에 서 있었는데, 알고 보니 그 남자아이의 엄마였다. 그녀는 내가 자기 아들을 밀었다며 나를 감옥에 쳐 넣어 영원히 세상 밖으로 못나오게 하겠다고 소리 질렀다. 나는 그가 나를 먼저 밀어서 그랬다고 말했지만 귀담아 들을 리 없었다.

이 사건을 알게 된 어머니는 나를 렐라 아저씨네로 보내는 게 낫겠다고 결정했다. 페니 이모네에서 지내는 한 백인 동네를 지나다닐 수밖에 없어서였다. 그 백인 남자아이와의 사건은 큰 사건이긴 했지만 유일한 사건은 아니었다. 백인 아이들이 우리를 집적대는 일은 다반사였다. 우리는 되도록 말로만 되받아쳤을 뿐 물리적 충돌은 일으키지 않으려 노력했다.

나는 미스 화이트에 다니는 것이 아주 좋았다. 백인 선생님들에게 배우는 것에 금방 익숙해졌다. 백인들 중에는 흑인들을 흑인이 아니라 자기들과 똑같은 인간으로 대하는 사람들도 더러 있다는 것을 나는 파인레벨에서 낚시터에 함께 가곤했던 백인 할머니로부터 배웠었다. 미스 화이트에는 약 250명 내지 300명의 학생이 있었고, 영어와 과학과 지리 같은 일반적인 과목을 공부했다. 과학시간에 현미경을 써보았던 기억은 없다. 학교에 현미경이 있었는데 나는 써보지 못한 것일 수도 있다. 미스 화이트는 크게 시대를 앞서가는 학교가 아니었다. 여자아이들에게 가장 많이 가르쳤던 과목은 가정학이었다.

당시에는 그 과목을 가정 과학이라 불렀던 것 같다. 우리는 요리하고, 바느질하고, 환자 돌보는 법을 배웠다. 환자의 침대는 어떻게 정리하며, 그들에게 어떤 음식을 줘야 하는지 등을 자세하게 다룬 교과서까지 있었다. 그 시절, 특히 남부 흑인들은 아파도 병원에 가기가 어려웠다. 대부분의 병원과 의사들이 백인 환자만을 받았기 때문이다. 흑인들은 집에서 흑인 여자에게 간호를 받았다.

미스 화이트에서는 취업을 위한 기술교육도 시켰다. 나는 바느질을 제일 많이 배웠다. 상급생 언니들은 카펫 짜는 법도 배웠는데 나는 그것까지는 못 배웠다.

미스 화이트에서 배운 것 중 최고를 뽑으라면, 나도 존엄한 한 인간이라는 것, 흑인이라는 이유로 스스로 주눅 들면 안 된다는 것이었다. 선생님들은 우리가 꿈과 야망을 갖도록, 우리가 원하는 것을 할 수 있다는 믿음과 자신감을 갖도록 가르쳤다. 물론 학교를 통해서만 그것을 배운 것은 아니다. 학교에 입학하기 전부터 나의 조부모님과 어머니를 통해서 익히 배운 바 있다. 미스 화이트 선생님들은 내가 집에서 배운 이러한 지식을 거듭 일깨우고 강화시켜 주었다.

내가 입학한지 삼년 쯤 지났을 때 미스 화이트는 문을 닫았다. 내가 8학년을 마친 후였을 것이다. 화이트 교장 선생님은 너무 연로해서 학교를 운영해나갈 수가 없었다. 교장 선생님을 대신해 학교를 떠맡고자 하는 선생님도 없었다. 교장 선생님은 참으로 힘든 시간을 보내야 했다. 흑인 여자아이들을 위한 학교를 운영하는 것이 백인에겐 결코 매력적인 일이 아니었을 것이다. 화이트 교장 선생님은 고향 매사추세츠로 돌아갔고, 몇 년 후 세상을 떠났다. 고향에 가신 지 얼마 후 선생님은 내게 편지를 보냈다. 그게 선생님과 나의 마지막 접촉이었다.

1985년, 나는 미스 화이트 동창회에 참석했다. 많은 동창생들이 이미 세상을 떠나 얼굴을 볼 수 없었다. 화이트 교장 선생님의 제자들이 선생님과 공동 설립자인 미스 비어드의 사진 몇 장을 주정부 문서보관소에 기증했다. 비록 과거에는 백인들로부터 철저히 따돌림 당했지만, 이제 그 명예를 기리자는 의미에서였다.

나는 운이 좋았다. 미스 화이트가 문을 닫은 그즈음에 몽고메리에서 흑인들을 위한 공립 중학교 하나가 문을 열었다. 그것이 아니었다면 버밍햄까지 가거나, 실험학교인 앨라배마 노멀에 다녀야 했을 것이다. 다행히 스웨인 스쿨이 부커 T. 워싱턴 중학교로 바뀌었고, 난 9학년으로 들어갔다.

그 무렵 페니 이모는 흑인 거주 지역으로 이사했고, 나는 다시 이모네로 옮겨가 살았다. 페니 이모는 유태인 컨트리클럽에서 청소부로 일했다. 클럽의 진짜 이름은 기억이 나지 않는다. 우리끼리는 그곳을 유태인 클럽이라 불렀다. 이모는 건강이 좋지 않았다. 몸이 아주 야위고 기운이 없어 힘든 일을 잘 하지 못했다. 그래서 곧잘 우리를 클럽에 데려가 일을 시켰다. 그 컨트리클럽은 백인 거주 지역에 있었고, 클럽 옆에는 공터가 하나 있었다.

어느 날, 이모의 딸 애니메이와 내가 그 공터에서 나무열매를 주우며 놀았다. 바로 옆에는 백인이 사는 집들이 있었다. 작은 백인 남자아이 하나가 우리를 보며 소리쳤다.

"야, 깜둥이들! 그 열매 그대로 내버려두지 못해?"

애니메이와 나는 그 아이를 노려보았다. 그 아이의 집과 우리들 사이에는 울타리가 가로막고 있었다. 우리가 말했다.

"너 이쪽으로 오지 않을래? 우리가 흠씬 두들겨 줄 테니."

나중에 이 이야기를 들은 페니 이모가 소스라치며 말했다.

"너희들 미쳤니? 입 닥치고 지내! 그 아이가 다른 사람한테 일러바치기라도 하면 너희 두 사람 린치(민간인이 법적 절차를 거치지 않고 타인을 처형하는 행위 – 옮긴이) 당하는 건 시간문제야. 그렇게 너희가 죽으면 난 어쩌란 말이니?"

그렇게 해서, 나는 백인에게는 말대꾸 하면 안 된다는 교훈을 다시 한 번 배우게 되었다. 하지만 이번에는 첫 번째 경우만큼 기분 나쁘지는 않았다. 애니메이와 내가 함께였기 때문이다.

비슷한 일은 또 있었다. 우리가 집 근처 숲 속의 시냇물을 따라 걸으며 땔감용 나뭇가지를 줍고 있을 때였다. 내 동생 실베스터도 우리와 함께 있었다. 10대로 보이는 백인 남자아이들 한 떼가 우리 뒤를 쫓아오며 내 동생을 냇물 속에 던져버리겠다고 위협했다. 실베스터는 그들보다 훨씬 몸집이 작았는데도 그들은 '덩치 큰 저 깜둥이 놈'을 던져버릴 거라고 을렀다. 내가 나서서 소리쳤다.

"저 애를 빠뜨리면 너희들도 무사하지 못할 걸?"

그 말을 듣고 그들은 물러갔다. 우리를 물속에 쳐 넣을 때 우리가 자기들을 붙잡아 함께 빠져버릴 지도 모른다고 생각했음에 틀림없다.

또 한 번은 내 동생이 친구들과 놀고 있는데 백인 남자아이들 일당이 갑자기 돌을 던졌다고 했다. 그 백인 아이들이 숲에서 마주친 그 아이들이었는지는 모른다. 아무튼 동생과 그의 친구들도 백인 아이들에게 돌을 되받아 던졌다. 돌 하나가 자기 편 아이를 맞히자 백인 아이들은 자리를 뜨더니 잠시 후 백인 아저씨 한 명을 대동하고 다시 나타났다. 그중 한 아이의 아버지였을 것이다. 권총을 손에 들고 있던 그 아저씨는 내 동생 무리를 가리키며 저 애들이 너한테 돌을 던진 애들이냐고 옆에 있던 작은 백인 아이에게 물었다. 하지만 그 아이는 "아니에요. 쟤네들이 아니었어요."라고 대답했다. 실베스터는 그 아이가 왜 거짓말을 했는지 영문을 모르겠다고 했다. 자기가 흑인 아이에게 맞았다는 것을 인정하고 싶지 않았을 수 있다. 어쩌면, 괜한 일로 흑인 아이들 몇 명이 총에 맞아 죽는 것을 원치 않았을지도 모른다. 당시 동생의 나이는 열서너 살 정도였다. 그 사건은 그에게 큰 충격을 주었고, 우리가 어른이 되기 전까지 두 번 다시 그 일을 입에 담지 않았다.

사실, 백인 아이들과의 다툼은 흔한 일이었다. 대부분의 싸움, 특히 말싸움은 곧 잊어버리기 마련이었다. 알고 보면 백인 아이들의 마음속은 그들이 겉으로 표현하는 것만큼 못되지는 않았다. 문제는 그들 주변의 어른들이 잘못된 생각과 행동을 아이들에게 주입하는 데에 있었다. 나는 10학년과 11학년을 앨라배마 노멀 스쿨에서 공부했다. 학교 이름이 앨라배마 주립 흑인 교원 대학(Alabama State Teachers' College for Negroes)으로 바뀐 뒤였다. 그 당시 니그로(negro)라는 말은 흑인들을 존중해 부르는 호칭이었다. 몽고메리에는 아직 흑인을 위한 공립 고등학교가 없었다. 1938년에 처음 흑인 고등학교가 생겼고, 1946년에야 비로소 독립적인 건물을 갖는 고등학교가 설립되었다. 그 전까지는 교원양성 프로그램의 일환으로 운영되던 실험학교에서 고등학교 과정을 이수할 수 있는 정도였다. 11학년의 새 학기가 시작된 지 얼마 되지 않아 외할머니가 병이 나는 바람에 한 달 정도 학교를 쉬어야 했다. 할머니는 그 후 한 달을 더 살다가 돌아가셨다. 내가 열여섯 살 때였다.

몽고메리로 돌아온 나는 남성용 작업복을 만드는 의류공장에 취직했다. 내 생애 첫 '공공부문' 일자리였다. 그 전까지는 기껏해야 가정집 청소부 정도로 일해 본 것이 전부였다. 그 후 잠시 학교에 복학하기도 했지만 어머니가 몸져눕는 바람에 그만두었다. 어머니는 편두통을 심하게 앓았고, 발과 다리가 통통 부었다. 나는 집에서 어머니를 간호하고, 실베스터는 돈을 벌었다.

거듭 학교를 그만두게 되자 실망이 컸다. 하지만 외할머니를 돌보고 어머니를 돌보는 것은 나의 책임이었고, 그것에 대해 불평할 수는 없었다. 누군가는 반드시 했어야 할 일들이었다.

어머니가 회복된 후 나는 이따금 가정부 일을 하며 돈을 벌었다. 하지만 결혼할 때까지 내가 주로 한 일은 밭농사를 돌보는 일이었다. 고등학교를 마친 것은 결혼을 한 후였다.

4

결혼, 그리고 사회운동

내가 레이몬드 파크스를 처음 만난 것은 가까운 친구의 소개를 통해서였다. 그 친구는 레이몬드가 사귀다 헤어진 여자친구의 친구이기도 했는데, 상심한 레이몬드에게 나를 만나보라고 권한 것이다. 그 당시 나는 남자를 소개받고 싶은 마음이 없었다. 나 또한 전에 사귀던 남자와 힘든 이별을 한 직후였기 때문이다.

처음 본 순간부터 레이몬드는 나를 무척 좋아했다. 하지만 나는 그의 피부색이 너무 흰 것이 마음에 걸렸다. 나는 외할아버지를 제외한 모든 백인 남자에게 깊은 반감을 가지고 있었는데, 레이몬드의 피부는 꽤 밝은 편이었다. 20대 후반이던 그는 몽고메리 시내의 한 이발소에서 이발사로 일했다. 나는 10대 후반이었다. 나는 레이몬드가 내게 관심이 있다는 것을 알았지만, 그냥 그를 친절하게 대하기만 했을 뿐 그 이상의 관계에 대해서는 전혀 생각하지 않았다.

며칠 후 그가 나를 만나기 위해 집으로 왔다. 집 앞 도로에서 그는 현관 앞에 앉아있는 내 어머니를 보았다. 이미 오는 도중에 길 가던 한 할머니에게 로자 맥컬리를 아냐고 물어본 뒤였다. 그 할머니는 그를 백인이라 생각했고, 백인 남자가 그런 질문을 하며 흑인 동네를 기웃거리는 것을 수상쩍어 했다. 그녀는 나를 모른다고 거짓말을 했다.

좀 더 길을 달린 후 그는 내 어머니를 발견했고, 내가 어느 집에 사는지 아냐고 물었다. 어머니는 그를 집 안으로 들였다. 그렇게 해서 나는 그를 두 번째 만나게 되었다. 그는 자리에 앉아 잠시 이런저런 이야기를 한 뒤 돌아갔다. 나는 창피해서 어쩔 줄 몰랐을 뿐, 여전히 그에게 마음이 끌리지 않았다. 얼마 후 그가 다시 우리 집을 방문했다. 그를 보고 싶지 않아 이번에는 내 방으로 달려가 이불을 뒤집어쓰고 누워버렸다. 그가 말하는 소리가 들렸다. "로자가 자는 중이라고요? 아, 그러면 그냥 돌아가겠습니다." 그리곤 떠났다.

하지만 다음날 그는 또 왔다. 그날 이후 우리는 데이트를 시작했다. 그가 차를 한 대 갖고 있어서 그 차를 타고 이곳저곳을 돌아다녔다. 흑인 청년이 자동차를 소유하는 것은 아주 드문 일이었다. 백인들의 운전기사 노릇을 하려는 목적이 아닌 경우는 더더욱 그랬다. 백인들의 운전기사로 일하는 흑인들은 더러 있었다. 운전기사가 백인 손님을 태우고 이동할 때 친구들을 자동차 뒤 짐칸에 태워 함께 다니는 경우가 많았다.(물론 백인 손님이 모르게 말이다)

파크스는(사람들은 그를 파크스라고 불렀다) 아주 좋은 사람이었다. 그와 얘기를 나누는 것이 참으로 즐거웠다. 그는 흰 피부의 흑인 아이로 자라면서 겪었던 힘든 경험들을 내게 들려주었다.

그는 몽고메리의 북동쪽에 위치한 위도위에서 1903년 2월 12일에 태어났다. 내가 태어난 달과 같다. 그의 부모 데이비드 파크스와 제리 컬벗슨 파크스는 우리가 처음 만날 때쯤 돌아가셨다. 그의 아버지는 레이몬드가 태어나고 얼마 안 되어 집을 나간 후 한 번도 레이몬드를 찾지 않았다. 목수였던 그는 결국 집 짓는 일을 하다가 지붕에서 떨어져 죽었다.

레이몬드는 백인 동네에서, 온통 백인들에 둘러싸여 자라는 일이 말도 못하게 힘들었다고 했다. 그의 피부는 백인에 가깝지만 머리카락은 전형적인 흑인의 머리카락이었다. 동네에서 유일한 흑인 아이였는데, 동네에 하나밖에 없던 학교가 백인 학교여서 입학할 수 없었다. 흑인 학교는 너무 멀리 떨어져 있었기 때문에 그의 어머니가 집에서 그에게 읽고 쓰는 법을 가르쳤다. 청년이 된 후 앨라배마의 로우노크 지역에 있는 학교를 잠시 다닌 것이 학교생활의 전부였다.

파크스는 병든 어머니와 할머니를 돌아가실 때까지 돌보았다. 그의 나이가 10대 후반일 때였다. 그 후 로우노크의 한 백인 침례교회에서 예배당과 정원을 관리하는 머슴으로 일했다. 교회는 관목 몇 그루를 사들였는데 그 나무들에게 물을 주는 것이 그의 주 업무였다. 그는 한낮을 피해 주로 해가 지고 난 저녁에 나무에 물을 주었다. 어느 날 교회 집사의 부인이 파크스가 나무에 제대로 물을 주지 않는다고 목사에게 말했다.

목사가 파크스를 불러 말했다.

"존스 부인이 말하더군. 자네가 나무에 물을 안 준다고. 부인이 잘못 안 거라고 말하지 말게. 그런 말을 했다가는 존스 집사가 당장 교회 정원과 자네를 불태워버릴 테니까."

파크스는 나무에 물을 열심히 주고 있다고 말했다.

"저는 저녁에 물을 줍니다. 낮에 주면 햇볕이 너무 뜨거워서 금방 말라버리니까요. 그리고 존스 부부가 교회 정원과 저를 불태워죽일 일은 없을 겁니다. 물론 목사님도 절대로 그렇게 못하실 거구요."

파크스는 자기가 그렇게 당당히 말할 수 있었던 건, 당시 자기 호주머니에 권총을 한 자루 가지고 있었기 때문이었다고 했다. 여차하면 총을 쏠 심산이었던 것이다.

그는 가급적 백인들과 잘 지내려고 최선을 다했다. 하지만 백인들이 그의 심기를 건드릴 때면 절대로 호락호락 넘어가지 않았다. 백인들은 당당히 맞서는 흑인들 보다는 겁을 먹거나 주눅든 흑인들을 더 얕보고 괴롭히는 경향이 있었다.

그 일이 있은 후 파크스는 집을 떠났다. 자신이 돌보던 어린 여동생은 사촌 형에게 맡겼다. 그는 그 동네에 더 이상 머물기 싫었고, 백인들 주변에서 얼쩡대는 것도 참을 수 없었다. 그곳에 사는 동안은 백인들과 갈등만 빚으며 살아갈 것이 뻔했다.

그가 집을 떠난 것은 그가 20대 초반일 때였다. 그는 이곳저곳 돌아다니며 닥치는 대로 일을 했다. 한동안 터스키기에서 살기도 했는데 그곳에서 이발 기술을 배웠다. 내가 그를 만났을 때 그는 스물여덟 살이었고, 몽고메리에 살면서 이발사로 일하고 있었다. 외할아버지를 제외하면, 그는 내가 인종문제에 대해 허심탄회하게 이야기를 나눌 수 있었던 최초의 흑인 남자였다. 또한 그는, 외할아버지와 거스 아저씨를 제외하면, 내가 만난 사람들 중 백인들을 두려워하지 않은 최초의 남자이기도 했다. 너무나 많은 흑인들이 스스로를 미스터 찰리(Mr. Charlie)보다 열등하다고 생각하며 살아갔다. 미스터 찰리란 흑인들이 백인을 가리킬 때 쓰던 용어이다. 그들은 백인들의 심기를 건드리면 큰일 나는 것처럼 생각했다. 그에 반해서 파크스는 흑인도 어엿한 한 인간이고, 백인과 동등하게 대접받아야 한다고 믿었다.

파크스는 백인들에 대해, 우리가 '톰 아저씨 태도'(Uncle Tom Attitude)라 부르는 흑인 특유의 온순한 태도를 갖고 있지 않았다. 나는 그의 그런 면이 아주 좋았다. 그는 성격이 좋고, 재미있고, 굉장히 똑똑한 사람이었다. 자신이 겪었던 일들에 대해 몇 시간이라도 멈추지 않고 얘기할 수있는 사람이었다.

파크스는 또한 내가 만나본 최초의 사회운동가이기도 했다. 그는 오래 전부터 NAACP(the National Association for the Advancement of Colored People, 미국흑인지위향상협회)의 회원으로 활동하고 있었다. 우리가 만난 것은 1931년이었고, 마침 스카츠보로 소년 사건(the Scottsboro boys)이 세간이 알려지기 시작하던 때였다. 사실 내게 그 사건에 대해 처음 알려준 사람도 파크스였다. 그는 스카츠보로의 아홉 명의 흑인 소년들에게 기가 막히게 억울한 일이 일어났다는 것, 그 소년들이 전기의자에서 사형당하지 않도록 하기 위해 다른 몇몇 사람들과 함께 그들을 위한 재판 비용 모금에 참여하고 있다는 것 등을 말해주었다. 파크스와 그의 동료들은 비밀리에 일을 진행하고 있었다. 동료들의 이름조차 내게 알려주지 않았다. 그저 모든 동료를 래리(Larry)라고 부를 뿐이었다.

스카츠보로 소년들이란 그 즈음 두 명의 백인 여자들을 강간한 혐의로 체포된 아홉 명의 흑인 소년들을 일컫는다. 그들은 체포되기 전까지 서로 모르는 사이였다. 헤이우드 패터슨, 유진 윌리엄스, 그리고 로이와 앤디 라이트 형제는 테네시 주 차타누가 출신이었고, 클레런스 노리스, 찰리 윔스, 올렌 몽고메리, 오지 파월, 그리고 윌리 로버슨은 조지아 주 내의 서로 다른 지역 출신이었다. 나이는 열네 살에서 열아홉 살에 걸쳐 있었고, 테네시에서 조지아를 거쳐 앨라배마로 가는 같은 화물열차를 탄 떠돌이들이었다. 열차에는 다른 사람들도 많았다. 흑인들도 있었고 백인들도 있었다. 대공황이 휩쓸던 시절이어서 수백만 명이 직장을 잃은 상황이었다. 많은 사람들이 일거리를 찾아 기차를 탔다. 그 날의 그 기차도 마찬가지였다. 한참을 달리던 중 몇몇 백인들이 흑인들에게 돌을 던지며 기차에서 내리라고 고함쳤다. 흑인들은 맞서 싸웠고, 자신들을 공격한 백인들 상당수를 기차 밖으로 던져버렸다. 앨라배마의 스티븐슨 지역 근처였다.

얼마 후, 기차가 기관차에 물을 채우러 페인트록에 정차했다. 나무막대와 총으로 무장한 한 떼의 백인 갱들이 그곳에 기다리고 있었다. 그들은 강제로 흑인들을 끌어내리더니 린치를 하겠다고 협박했다. 하지만 곧 경찰이 출동하여 그들을 막았다. 그러고는 백인들이 끌어냈던 그 아홉 명의 흑인소년들을 수갑 채워 인근 스카츠보로 유치장에 집어넣었다. 그 소년들이 스카츠보로 소년들이라 불리게 된 것은 이 때문이다. 백인 갱들도 유치장에 감금되었다.

다음 날, 경찰은 아홉 명의 흑인소년들을 유치장에서 꺼낸 뒤 두 백인 여자 앞에 일렬로 세웠다. 루비 베이츠와 빅토리아 프라이스라는 이름의 여자들이었다. 루비 베이츠는 소년들 중 여섯 명을 가리키며 그들이 자신을 강간했다고 진술했다. 경찰은 나머지 세 흑인 소년들이 빅토리아 프라이스의 강간범일 것이라 단정했다. 그녀가 그 셋을 강간범으로 지목하지 않았는데도 말이다.

1931년 4월 6일, 피의자들의 첫 재판이 시작되었다. 테네시 주 차타누가의 흑인 목사 연합이 50달러를 모금하여 흑인소년들을 위해 변호사를 대주었다. 하지만 그 변호사가 한 일이라곤 재판 전에 소년들과 만나 한 시간 반 정도 이야기를 나눈 게 고작이었다. 아홉 명의 피고들을 놓고 총 네 번의 재판이 열렸다. 모두 합해서 3일 밖에 걸리지 않았다. 두 여자는 피고들이 자신들을 심하게 구타했으며 총과 칼을 들이댔다고 증언했지만, 경찰은 아무런 총도 칼도 찾아내지 못했다. 두 명의 의사들이 증언대에 서서 두 여자 모두 다친 곳이나 멍든 곳이 전혀 없다고 말했다. 하지만 판사는 소년들이 유죄라는 자신의 믿음을 강경하게 표명했고, 재판을 계속하는 것은 돈과 시간 낭비일 뿐이라고 주장했다. 아홉 명 모두 유죄 판결을 받았다. 4월 9일, 판사는 제일 어린 소년을 제외한 나머지 여덟 명을 그 해 7월 10일자로 사형에 처할 것을 선고했다.

소년들이 스스로 저지르지도 않은 범죄 때문에 사형 당하게 되었다는 이야기를 듣자 내 안에서 분노가 끓어올랐다. 그 사건은 인종차별주의가 흑인들의 삶을 얼마나 황폐화 시키는지, 우리들이 얼마나 큰 공포 속에서 삶을 부지해 가는지 단적으로 보여주었다.

그 사건이 신문을 통해 세간에 알려지면서 남부 이외의 지역에서 사람들이 들고 일어나 소년들에게 뒤집어씌운 누명을 벗기라며 항의했다. 4월 말에는 공산주의 단체인 국제노동수호회(International Labor Defense)가 소년들을 돕기 위해 발 벗고 나설 것을 결정했다. 5월 초, NAACP도 구명운동에 합류했다. 이 두 단체들이 협력하여 사형집행일을 뒤로 미루는데 성공했고 항소장도 제출했다. 11월, 연방대법원은 소년들에 대한 기존 판결을 무효로 하고 재판을 다시 열도록 명령했다. 이전 재판에서 변호인이 제 역할을 충실히 이행하지 못했다는 것이 판결의 근거였다. 재판과 항소가 끝없이 이어졌다. 그 사이 소년들은 하나둘씩 풀려났고, 마침내 1950년에 마지막 소년이 집행유예로 출감했다.

파크스는 스카츠보로 소년 사건이 시작될 때부터 그들의 구명운동에 뛰어들었다. 그가 여러 굵직굵직한 단체들과 함께 일했는지 아닌지는 모르겠지만, 그와 함께 일하던 사람들은 대체로 몽고메리 출신들이 아니었다. 내가 파크스를 처음 만났을 때 그는 이미 그 사람들과 함께 일하고 있던 중이었다. 그 해도 또 그 다음 해도 파크스는 계속 그 일에 관여했다. 그 당시 백인들은 흑인의 권리를 위해 일하는 사람들을 무조건 공산주의자라고 몰아붙였다. 하지만 나는 파크스와 그의 동료들 중 어느 누구도 공산주의자였다고는 생각하지 않는다.

나는 스카츠보로 소년들을 위해 열심히 일하는 파크스가 무척 자랑스러웠다. 그의 용기를 존경했다. 그는 폭행이나 살해를 당할지도 모르는 상황에서도 그 일을 했다. 시간이 지날수록 나는 그가 흑인들과 자신의 가족과 자기 자신의 삶을 개선시키는 일에 관심이 많다는 것, 그것을 위해 어떤 희생이라도 치를 의지가 있다는 것을 더욱 확실히 알게 되었다.

파크스는 우리가 두 번째 데이트 하던 날 결혼에 관해 얘기를 꺼냈다. 나는 그 전까지 결혼에 대해 한 번도 생각해본 적이 없던 터였다. 나는 듣는 둥 마는 둥 지나쳐버렸다. 하지만 어느 날 그가 다시 말했다.

"난 우리가 결혼해야 된다고 봐."

나도 같은 생각이라고 대답했다. 다음 날 내가 교회에 간 사이 파크스가 내 어머니를 만나 우리의 결혼을 승낙해달라고 간청했다. 집에 돌아오자 어머니가 말했다.

"내가 너희들 결혼을 허락했단다."

사실 파크스는 내게 정식으로 청혼한 적은 없었다. 적어도 남들이 하는 전형적인 방식으로는 말이다. 1932년 8월의 일이었다.

그해 12월 우리는 파인레벨의 내 어머니 집에서 결혼식을 올렸다. 성대하고 왁자지껄한 결혼식은 아니었다. 가족들과 가까운 친구 몇 명이 하객의 전부였다. 청첩장 하나 보내지도 않았다. 우리는 몽고메리 동쪽 사우스잭슨 가의 하숙집에 신혼살림을 차렸다. 쿼터맨이라는 사람이 소유한 집으로써 앨라배마 스테이트 노멀 학교와 비교적 가까웠다.

나는 공부를 계속하고 싶어 했고, 남편은 그런 나를 적극 지지했다. 학교에 다시 들어간 나는 스무 살이 되던 1933년에 고등학교를 졸업했다. 당시 몽고메리에서 고등학교를 졸업한 흑인들의 수는 아주 적었다. 졸업 후 7년이 지난 1940년에조차도 고등학교 교육을 받은 흑인은 백 명 중 일곱 명에 불과했다.

하지만 고교졸업장을 가졌다 해도 번듯한 직장에 취업하는 건 하늘의 별 따기였다. 찾을 수 있는 일자리는 고교졸업장이 필요 없는 단순 노동인 경우가 대부분이었다. 나는 세인트 마가렛 병원에 조무사로 취업했고, 부업으로 바느질도 병행했다.

1941년, 나는 근처 공군기지인 맥스웰 필드에서 일자리를 얻었다. 그 기지는 흑백 분리주의를 시행하지 않았다. 루즈벨트 대통령이 모든 군사기지 내 공공장소와 버스에서의 흑백 분리주의를 금지하는 명령을 발효시켰기 때문이다. 군사기지 관내를 운행하는 버스에서는 흑인과 백인이 따로 앉지 않아도 됐다. 하지만 기지를 벗어나 집으로 돌아갈 때면 또다시 흑인과 백인이 엄격히 분리된 버스를 타야 했다. 내가 일하던 기지 내 건물에 살던 한 백인 여자가 생각난다. 기지 안 버스에서 그녀와 나는 마주보며 앉곤 했다. 그녀는 아홉 살 난 아들과 함께 앉고 나는 로즈라는 이름의 동료직원과 맞은편 의자에 함께 앉았다. 우리 셋은 내릴 때까지 끊임없이 수다를 떨었다. 하지만 일단 기지를 벗어나 시내버스를 갈아 탈 때면 그 백인 여자는 앞자리에, 우리는 뒷자리에 가서 앉았다. 그것을 본 그녀 아들의 어리둥절한 표정이 아직도 잊히지 않는다. 그 백인 여자는 미시시피 출신이었지만 우리와 나란히 앉아 가는 것을 전혀 개의치 않았다.

기지 안에서도 이따금 개인들 간의 인종갈등이 빚어질 때는 있었다. 나는 직접적으로 그런 문제에 개입된 적은 없었다. 하지만 몇 년 후 내 남편이 기지 내 이발소에 취직하여 일할 때, 구내식당에서 두 백인 여자와 같은 테이블에서 식사를 하고 있는 남편을 다른 백인 남자가 쫓아낸 사건이 벌어진 적이 있었다. 그 백인 남자의 행동은 공군기지 차원의 잘못은 아니었다. 단지 그 남자 개인의 문제였다.

파크스는 스카츠보로 소년들 구명운동을 위해 계속해서 심야회의에 나갔다. 회의에 참석하는 것 자체가 매우 위험한 일이어서 나는 가지 않았다. 그들은 회의를 할 때마다 문 밖에 감시원을 한 명 세워 두었다. 그리고 참석자 중 누군가는 반드시 총을 소지했다. 그것은 내가 회의에 참석하는 것을 파크스가 만류한 이유 중 하나이기도 했다. 또한 회의는 사람들이 모두 잠든 한밤중에 시작해서 새벽에 끝나기 일쑤였다. 뿐만 아니라, 만일 피신이라도 해야 할 상황이 발생하면 내가 걸림돌이 될 수도 있었다. 나는 파크스만큼 잘 뛰지 못했고, 그는 그런 나를 혼자 두고 도망칠 사람이 아니었다. 내가 너무 어리다는 것도 그가 나를 회의에 참석하지 못하도록 한 또 다른 이유였다.

파크스는 회의에서 어떤 이야기들이 오가는지에 대해 나에게 자세히 말하지 않았다. 그래야만 혹시 경찰이 나를 취조할 일이 생기더라도 정말로 나는 모른다고 당당히 대답할 수 있기 때문이었다. 그런 식으로, 파크스는 나를 최대한 보호하고자 했다.

우리가 허프만 스트리트에 살 때 우리 집에서 회의를 가진 적도 있었다. 당시 우리는 속칭 '장총 집'(shotgun house)이라고 불리던 집에 세들어 살고 있었다. 화력 좋은 장총을 집 한쪽에서 쏘면 그 총알이 그 집에 있는 모든 방을 뚫고 지나갈 수 있을 정도로 방들이 나란히 다닥다닥 붙어있는 집이라는 의미에서 붙여진 이름이다. 회의는 제일 앞쪽 방에서 열렸다. 방 가운데에 놓인 작은 테이블 주위로 참석자들이 빙 둘러앉았다. 모인 사람 수보다 권총 수가 많은 경우는 태어나서 그날 처음 보았다. 테이블은 온통 총으로 가득했다. 나는 과자나 음료수를 권할 생각도 하지 않았다. 테이블 위에 그런 것을 놓을 공간조차 전혀 없을 정도로 그렇게 총이 많았다. 물론 아무도 음식 따위에는 관심조차 보이지 않았다.

나는 부엌문 밖 계단에 앉아 머리를 무릎에 파묻었다. 꼼짝도 하지 않고, 회의가 끝날 때까지 그렇게 앉아 있었다. 회의에 참석한 사람은 대략 예닐곱 명 정도였다. 당시에는 그들이 누군지 알았을 테지만 지금은 아무도 기억나지 않는다. 회의가 끝난 뒤 남편은 내 어깨를 감싸 안으며 나를 계단에서 일으켜 세웠다. 흑인들은 다치거나 살해당할 각오를 하지 않으면 자기 집에서 모임 한 번 가질 수도 없다는 생각에 나는 너무나, 정말 너무나 깊은 절망에 휩싸여 버렸다. 언제 KKK가 집안으로 쳐들어올지 몰라 할아버지가 늘 장총을 옆에 끼고 지내시던 어린 시절의 기억이 엄습해왔다.

그 당시 여자들은 회의에 참석하는 법이 없었다. 남자들이 여자들의 참여를 막아서 그랬던 것은 아니다. 단지 그 정도로 위험한 일이기 때문이었다. 내 남편은 캡톨라라는 이름의 어떤 여자에 대해 이따금 언급했다. 그녀도 파크스가 하는 활동에 관계하긴 했지만 회의에는 참석하지 않았다. 물론 당시에는 활동가로 일하는 남자들도 많지 않았다. 그런 일을 한다는 게 알려지기라도 하면 그 즉시 인생이 끝장날 수 있기 때문이었다. 그러나 나는 파크스가 활동가라는 사실을 알고도 그와 결혼했다. 결혼 후에도 그는 계속 그런 일을 했다. 위험하다는 건 잘 알았지만, 나는 전혀 개의치 않았다.

파크스와 그의 친구들을 돕는 사람 중에 백인 여자 하나가 있었다. 파크스와 나는 딱 한 번 그녀의 집을 방문했다. 그녀는 파크스와 친구들이 돈이 필요할 때 도움을 주었고, 변호사 비용을 마련하기 위한 모금활동에도 동참했다.

얼마 후 우리는 허프만 스트리트를 떠나 사우스유니온 스트리트로 이사했다. 킹 켈리라는, 덱스터 애비뉴의 한 침례교회 집사의 집에서 그의 가족과 함께 살게 되었다. 켈리 씨 부부는 파크스가 하는 일에 크게 반대했다. 몽고메리에 있는 남성복 상점에서 아주 오랫동안 잡역부로 일해 온 켈리 씨는 혹시 파크스 때문에 직장을 잃을까 두려워했다. 그 때문에 파크스는 켈리 씨 집에 사는 동안 한 번도 그곳에서 회의를 가져본 적이 없다.

스카츠보로 사건이 모든 신문을 도배하다시피 하던 당시, 경찰은 흑인들에 대한 감시를 한시도 늦추지 않았다. 그들은 심야에 모임을 갖는 사람들이 누구인지, 그리고 어디에 사는지를 알아내려고 혈안이 되어 있었다. 어느 날 밤에는 오토바이를 탄 두 명의 경찰관이 바로 우리 집 앞을 지나갔다. 나는 현관 앞 그네에 앉아 있었고, 켈리 씨 역시 문 앞에 앉아 있었다. 나는 이틀 전 경찰이 파크스가 관련된 조직의 회원 두 명을 죽인 사건에 대해 켈리 씨에게 말해주었다. 죽은 두 사람은 파크스도 잘 아는 사람들이라는 것, 남편이 모임에 가기 위해 외출할 때마다 나는 과연 오늘 밤 그가 살아 돌아올 수 있을까 생각한다는 것 등을 말했다.

그렇게 나는 그네에 앉아 있었다. 두 오토바이 경찰관은 계속 우리 동네를 오락가락 했다. 옆 동네로 빠지는가 싶다가도 금세 방향을 틀어 우리 동네로 되돌아왔다. 나는 두려움에 온몸이 오그라드는 것을 느꼈다. 나도 모르게 미친 듯이 떨었다. 훗날 켈리 씨가 말했다.

"그때 새댁이 어찌나 긴장했던지 그네까지도 덜그덕덜그덕거리며 떨렸다우."

나는 내가 떨고 있다는 것조차 의식하지 못했고, 그네 떨리는 소리도 듣지 못했다.

회의가 끝나 집으로 돌아오던 파크스는 집 근처에서 경찰을 발견했다. 그는 평소처럼 앞 현관을 이용하지 않고 뒷문을 통해 집안으로 들어왔다. 베인브리지 스트리트로 난 작은 골목으로 우회해서 집 뒤쪽으로 올 수 있었다. 집에 들어온 그를 발견하자 내 기분이 한결 나아졌다. 어쨌든, 그날은 내 남편이 무사했다.

켈리 씨 집에서 사는 동안, 남편에게 말하지 않은 불미스런 사건이 하나 있었다. 어느 날 켈리 씨와 그의 딸과 그녀의 두 아이들과 나 이렇게 다섯 사람이 함께 시내에 있는 철도역에 갔다. 켈리 씨의 딸과 손자들을 배웅하기 위해서였다. 나는 그들로부터 몇 발자국 뒤에서 걷고 있었다. 열차 쪽을 향해 가는데 갑자기 경찰관 한 명이 내게 오더니 열차표를 끊었냐고 물었다. "아뇨." 내가 대답했다. 그러자 그는 나를 선로 쪽으로 밀어붙이며 말했다.

"표가 없으면 아무 데도 못가지."

그의 허리춤에 있는 곤봉과 권총을 보았다. 되돌아 나오는 것 외에 내가 할 수 있는 일은 아무것도 없다는 것을 난 잘 알았다.

나를 더욱 화나게 했던 것은 근처에 있던 어느 젊은 흑인 여자였다. 나와 비슷한 20대 초반으로 보였다. 그녀는 나를 위협한 경찰관을 잘 아는 듯, 그에게 장난 식으로 말했다.

"아저씨, 저는 그냥 통과합니다."

그 경찰관은 "안 되지. 그냥 가면 안 되지"하며, 곤봉을 들어 그녀를 때리는 시늉을 했다. 그녀가 깔깔댔다. 그 흑인 여자가 그 백인 경찰관과 잘 아는 사이라는 사실에 내 기분이 말할 수 없이 나빠졌다.

내가 보기에 그녀는 여자로서의, 특히 흑인 여자로서의 자존심을 버린 듯했다. 그녀는 바로 옆에서 내가 그 경찰관에게 어떻게 모욕을 당했는지 똑똑히 보았으면서도 그렇게 웃음 지었다.

켈리 씨가 돌아와서 왜 열차까지 오지 않았냐고 물었다.

"경찰관이 저를 못 가게 막았어요."

나는 그에게 자세한 이야기를 하지 않았다. 남편에게도 말하지 않았다. 무척 속상해할 것이 분명해서였다.

5

투표권을 위해 싸우다

스카츠보로 소년들이 사형을 면하게 된 뒤, 파크스는 유권자 등록 운동에 힘을 쏟았다. 사실 그는 우리가 만나기 훨씬 이전부터 그 운동에 관심을 가져왔었다. 그는 유권자로 등록된 흑인들이 몇 손가락에 꼽을 정도도 안 되는 현실에 크게 안타까워했다.

미국인들에게 투표권은 아주 중요한 권리다. 우리는 투표를 통해 정부에서 우리를 대변해줄 사람을 뽑는다. 우리가 뽑은 사람들이 일을 제대로 못하면 다음 선거에서 우리는 다른 사람에게 투표한다. 하지만 그 당시 남부에서는 대부분의 흑인들이 투표를 할 수가 없었다.

흑백 분리주의자들은 흑인들이 유권자 등록을 하는 것을 아주 어렵게 만들어 놓았다. 흑인들이 등록을 하려면 백인을 신원보증인으로 세워야 했다. 흑인에게 우호적인 백인들이 별로 없었기 때문에 자연히 유권자 등록을 할 수 있는 흑인의 수는 아주 적었다. 게다가, 등록을 한 흑인들은 다른 흑인이 유권자 등록을 하는 것을 달갑게 여기지 않았다. 일단 백인의 인정을 받은 흑인은 그렇지 못한 흑인들과 다른 지위에 올랐다고 생각했고, 자기들만 그런 특권적인 지위를 계속 누리고 싶어 했기 때문이다. 그들은 파크스에게 다른 흑인들의 투표권에 대해 관심 없으며, 자기들의 생업에나 신경 쓰고 싶다고 말했다.

그게 당시의 상황이었다. 대부분의 흑인들은 두려워했다. 백인들과 좋은 관계를 유지하는 흑인들은 행여나 그들과 사이가 틀어지지 않을까 노심초사 했고, 나머지 흑인들은 자기들이 할 수 있는 일은 아무것도 없다고 체념했다. 1955년에 버스 승차거부 운동, 즉 버스 보이콧 운동이 벌어지기 전까지는 사실상 본격적인 시민권 운동은 존재하지 않았다고 해도 과언이 아니다. 오직 소수의 흑인들만 활동을 했고, 당연히 그들과 백인과의 관계는 좋을 리 없었다.

내 남편은 앨라배마에서 끝내 유권자로 등록되지 못했다. 그는 알고 지내던 백인들을 찾아가 유권자로 등록할 테니 보증인이 되어달라는 부탁을 절대로 하지 않았다. 그는 보증인 없이, 스스로 등록할 수 있는 날이 오기를 기다렸다. 그가 유권자 등록을 한 건 여러 해가 지나 우리가 미시건 주 디트로이트로 이사 간 후였다. 1940년대에, 우리는 몽고메리에서 유권자 동맹(Voters' League)이라는 모임을 만들었다. 모임은 주로 우리 집에서 가졌다. 나는 몽고메리에서 유권자로 등록된 흑인들의 명단을 입수했다. 명단에 있는 사람은 총 서른한 명에 불과했는데, 심지어 그중 몇몇은 이 세상 사람이 아니었다. 죽은 사람들도 명단에 올라 있었던 것이다. 그러니 실제 등록 유권자의 수는 훨씬 더 적은 셈이었다. 뭔가를 이루어내기에는 턱없이 부족한 수였다. 이러한 상황을 변화시키는 데에 결정적인 역할을 한 사람이 에드가 대니얼 닉슨(Edgar Daniel Nixon) 씨였다.

닉슨 씨는 몽고메리에서 가장 적극적인 흑인 활동가 중 하나였다. 열차 잡역부였던 그는 필립 랜돌프가 설립한 흑인 철도노동자 노동조합의 침대차 잡역부 지역 분회 의장이었다. 1920년대에 침대차 잡역부 몽고메리 지역 분회를 창립한 사람이 닉슨 씨 자신이었다. 내가 그를 처음 만난 1943년에 그는 NAACP 몽고메리 지부 의장이기도 했다. 그는 화살처럼 자세를 꼿꼿이 하고 다니던, 자신감 넘치고 당당한 사람이었다. 닉슨 씨는 흑인들을 유권자로 등록시키는 활동을 하면서 아서 A. 메디슨이라는 흑인 변호사의 도움을 받았다. 메디슨 변호사는 앨라배마에서 태어나서 뉴욕에서 변호사 사무실을 운영하던 사람이었다. 그는 한동안 몽고메리에 머물며 여러 흑인들을 모아 유권자 등록 방법에 대해 자세히 설명해 주었다. 그는 사람들을 직접 등록사무소까지 데려가 그들의 신원보증인이 되어주기도 했다. 또한 그는 흑인들이 유권자 등록을 하는데 반드시 백인의 신원보증이 필요한 건 아니라고 했다. 문해 테스트를 받아 통과하면 유권자 등록이 가능하다는 것이다. 문해 테스트란 우리가 글을 읽고 쓸 줄 아는지, 그래서 미국 헌법을 이해할 수 있는지 알아보는 시험이었다. 메디슨 씨는 이렇게 우리를 돕다가 결국 체포되어 얼마간 유치장에 갇혔고, 그 후 뉴욕으로 돌아갔다.

나는 유권자 등록을 하기로 결심했다. 처음 등록을 시도한 것은 1943년이었다. 사무소에서는 매일이 아니라 어쩌다 한 번 등록 업무를 보기 때문에 날짜를 미리 알지 않으면 기회를 놓치기 마련이었다. 그들은 언제 유권자 등록 업무를 보는지 미리 공개하지도 않았다. 개인이 전화를 걸어 물어야만 알려주었다. 따져보니 그들은 어쩌다 한 번, 그것도 수요일 오전 10시부터 정오까지 등록 업무를 보는 것 같았다. 그 시간에는 대부분의 흑인들이 일을 하느라 사무소에 갈 형편이 못 된다는 것을 그들은 누구보다 잘 알 터였다. 설혹 짬을 내어 사무소에 간다 하더라도, 그것이 곧 유권자 등록을 할 수 있다는 의미는 아니었다. 정오를 알리는 종이 울리면 그들은 즉시 사무소 문을 닫아버렸다. 아무리 많은 사람이 줄 서서 기다리고 있다 하더라도 개의치 않았다. 이 모든 것이 흑인을 투표에 참여하지 못하도록 하기 위해서였다.

무사히 사무소 안에 들어가는데 성공해도 등록에 실패하는 경우가 많았다. 그 이전에는 재산을 소유한 흑인만 등록을 해주었다. 내가 등록할 무렵에는 재산을 소유하거나 문해 시험에 통과한 사람만 등록이 허락되었다.

1943년 첫 유권자 등록일에는 내가 직장에 나가야 하는 날이어서 갈 수 없었다. 닉슨 씨와 메디슨 변호사가 그 지역 흑인들에게 날짜를 미리 알려주었기 때문인지 그날 법원 건물 주변에는 흑인들이 긴 행렬을 이루었다. 내 어머니와 사촌도 그 안에 있었다. 그 두 사람을 포함한 많은 흑인들이 얼마 후 유권자 등록증을 우편으로 배달 받았다. 백인들은 사무소에서 즉시 등록증을 받지만, 흑인들은 나중에 우편으로 받았다.

그 다음 등록일은 마침 내가 비번인 날이었다. 사무소에 가서 문해 시험을 치렀다. 하지만 등록증은 오지 않았다.

두 번째 시도를 했다. 역시 등록증을 받지 못했다. 그들은 "시험에 통과하지 못했습니다."라는 말만 했다. 구체적으로 몇 점을 받았고 무엇을 틀렸는지는 말해주지 않았다. 나는 내가 문해 시험에 떨어졌을 리가 없다고 믿었지만 확인할 도리는 없었다. 사무소 직원이 시험에 떨어졌다고 말하면 그게 끝이었다. 달리 할 수 있는 일은 아무것도 없었다. 사무소 직원들이 자기가 하고 싶은 대로 하면 그만이었다.

나는 내가 시험에 떨어졌다고는 믿지 않았다. 그래서 1945년 세 번째 시험을 치를 때에는 스물한 개 문제에 대한 내 답안을 따로 그대로 적어왔다. 당시에는 복사기가 없어서 손으로 전부 적어야 했다. 답안을 보관했다가 이번에 또 떨어지면 등록 사무소를 상대로 소송을 걸 생각이었다. 그런데 며칠 후 등록증이 배달되었다. 마침내 나도 등록 유권자가 된 것이다. 그 다음 내가 해야 한 일은 밀린 인두세('머리 수'에 매기는 세금이라는 뜻으로, 성인에게 일률적으로 부과하는 고전적 형태의 세금 – 옮긴이)를 내는 일이었다.

인두세는 일 년에 1.5달러였고, 모든 등록 유권자들은 반드시 내도록 되어 있었다. 그런데 인두세를 소급해서 내야 한 사람들은 거의 다 흑인들이었다. 스물한 살이면 유권자 등록을 하는 백인들은 그 때부터 매년 1.5달러씩 내면 그만이지만 유권자 등록을 거부당했던 흑인들은 등록 즉시 스물한 살 때부터 소급해서 적용된 금액을 내야 했다. 1945년, 즉 내가 서른두 살에 등록 유권자가 되었으니 11년 치의 인두세를 한꺼번에 내게 된 것이다. 당시 돈으로 16.5달러면 엄청난 금액이었다.

만일 내가 유권자 등록 사무소를 상대로 소송을 걸었다면, 법정에서 나를 대변해줄 변호사가 필요했을 것이다. 그 당시 몽고메리에는 흑인 변호사가 없었다. 사실 앨라배마 주 전체에서 흑인 변호사는 극소수에 불과했다. 그 근방에서 우리가 필요할 때 도움을 요청할 수 있었던 유일한 변호사는 버밍햄의 아서 쇼어스 변호사뿐이었다. 그는 종종 몽고메리를 방문하곤 했다. 그가 메이컨 지역에서 윌리엄 P. 미첼 씨를 비롯한 몇몇 사람들의 유권자 등록을 도와주었다는 걸 나는 알고 있었다. 하지만 그 당시 우리는 메디슨 변호사의 도움을 받고 있었다. 다행히 나는 유권자로 등록됐고, 법원을 상대로 소송을 제기할 필요가 없었다.

내가 처음으로 투표권을 행사했던 것은 주지사 선거 때였다. 나는 짐 폴섬을 찍었는데, 그의 경쟁 상대는 아주 보수적이고 인종차별주의자인 핸디 엘리스였다. 눈에 띌 만한 사건이나 사고는 일어나지 않았다. 그토록 간단하고 별것 아닌 일을 위해 그다지도 힘들게 싸워왔다는 게 믿기지 않을 정도였다.

내가 맨 처음 몽고메리 시내버스에서 강제 하차 당한 것은 두 번째 유권자 등록을 하기 위해 법원에 갈 때였다. 규칙에 불응했기 때문이었다.

당시에는 흑인들에게만 적용되는 특별한 규칙들이 있었다. 일부 운전기사들은 흑인 승객들을 일단 앞문으로 올라와 버스요금을 지불한 뒤 다시 내려가 뒷문으로 승차하도록 요구했다. 요금을 내고 하차한 뒤 뒷문으로 가는 동안 버스가 그냥 떠나버리는 경우도 다반사였다. 몽고메리 시내버스에는 서른여섯 개의 좌석이 있었다. 앞쪽 좌석 열 개는 백인전용 좌석으로, 백인승객이 전혀 없을 때에도 항상 비워두어야 했다. 뒤쪽 좌석 열 개는, 법률에 명시된 것은 아니었지만, 통상 흑인 좌석으로 간주되었다. 흑인들은 버스 뒤편에 앉도록 요구됐고, 앞쪽에 빈 좌석이 있어도 절대로 앉지 못했다. 흑인 좌석이 다 차면 나머지 흑인들은 서서 가야했다. 반면에, 어떤 버스기사들은 백인 좌석이 다 찰 경우 흑인들에게 좌석을 백인에게 내줄 것을 요구하기도 했다.

가운데 열여섯 개 좌석에 누구를 앉힐 것인가는 운전기사들의 재량에 달렸다. 운전기사들은 총을 휴대하고 다녔고, 좌석 배치를 비롯한 버스 내 다른 모든 흑백 분리 규정들을 집행하는데 있어서 경찰과 맞먹는 권력을 지녔다. 비교적 너그러운 기사들도 있었고 유난히 성질 고약한 기사들도 있기 마련이었다. 운전기사들 모두가 사악한 인종차별주의자였던 것은 아니다. 흑백 분리주의라는 제도 자체가 문제였다. 조금 더 아량 있는, 혹은 조금 더 친절한 흑백 분리주의란 존재할 수 없는 것이다.

나를 강제 하차시킨 운전기사는 유난히 야비한 사람이었다. 그는 키가 크고 몸집이 아주 뚱뚱했으며, 피부가 거칠고 입가에는 커다란 점이 있었다. 태도가 몹시 고압적이었고, 흑인들을 지나치게 함부로 대했다. 나는 그 사건이 일어나기 전에도 그의 버스를 탄 적이 있었다. 어떤 젊은 흑인 여자가 앞문으로 승차한 뒤 통로를 통해 뒷좌석으로 가려하자 그 운전기사는 기어코 그녀를 다시 내려가 뒷문으로 타도록 했다. 1943년 겨울 어느 날, 그 버스가 정류장에 도착했다. 버스 뒤편은 흑인 승객들로 북적였다. 뒷문으로 연결된 계단에까지 사람들이 가득했다. 하지만 앞좌석들은 텅 비어있었다. 그래서 나는 앞문으로 승차한 후 뒤편 흑인들 쪽으로 걸어갔다. 그리고 멈춰선 뒤 앞쪽을 바라보았다. 운전기사가 자리에서 일어나 한동안 나를 뚫어지게 쳐다보더니 내려서 뒷문으로 다시 타라고 했다. 기왕 버스에 올랐으니 그럴 필요까지 있겠느냐, 게다가 뒷문은 계단까지 사람들이 꽉 차서 올라오기도 어렵거니와 올라와 서 있을 자리조차 없지 않냐고 내가 말했다. 그러자 그 기사는 내려가서 다시 승차하지 않으려면 당장 '내 버스'에서 내리라고 고함쳤다. 난 내 자리에 그대로 서 있었다. 그가 걸어오더니 내 코트 소매를 잡아당겼다. 내 팔이 아니라 코트 소매만 잡아당겼다.

그는 총을 꺼내지는 않았다. 내가 별다른 물리적 저항을 하지 않았기 때문이었을 것이다. 난 그저 내가 선 자리에 그대로 있었을 뿐이다. 나는 그가 내 코트 소매를 잡아끄는 대로 순순히 버스 앞쪽으로 갔다. 그 때 내 가방이 떨어졌다. 몸을 웅크리고 구부려 가방을 집는 대신 나는 맨 앞쪽 좌석에 앉아 편안한 자세로 가방을 집어 들었다.

그가 나를 내려 보며 소리쳤다.

"어서 내 버스에서 내리라니깐!"

내가 대답했다.

"알았어요. 내릴 겁니다."

그의 표정은 금방이라도 나를 한 대 칠 기세였다. 내가 말했다.

"한 가지만 말씀드리죠. 제게 손을 대면 재미없을 겁니다."

그는 나를 때리지 않았다. 나는 버스에서 내렸다. 버스 뒤편에 서 있던 누군가가 중얼거리는 소리를 들었다.

"잠자코 내려서 뒷문으로 다시 타면 안 되나?"

그 흑인들은 아마도 짜증이 났을 것이다. 붐비는 버스에 서

있자니 몸은 피곤하고, 빨리 집에는 가고 싶은데 시간이 지체되니 말이다. 운전기사와 실랑이를 벌이는 내가 원망스러웠을 것이다. 그들은 자기들 같지 않은 흑인들, 즉 대다수 흑인들과 다르게 생각하고 행동하는 흑인들을 잘 이해하지 못했다. 왜 반항하는지, 왜 질서에 거스르려 하는지 의아해 했다. 1940년대였다. 저항보다는 순종이 미덕인 시대였다.

버스에서 내린 나는 뒷문으로 가지 않았다. 서두를 필요는 없었다. 퇴근해서 집으로 가는 길이었고, 다음 버스에서 낼 환승 티켓도 이미 가지고 있었다. 다시는 조금 전의 그 운전기사가 모는 버스를 타고 싶지 않았다. 그 사건 이후 나는 버스에 타기 전에 기사의 얼굴을 먼저 확인하는 버릇이 생겼다. 그 비열한 남자와 두 번 다시 마주치고 싶지 않았다.

6

NAACP의 간사로 일하다

버스에서 강제 하차 당했던 그즈음 나는 NAACP 회원이었다. NAACP는 뉴욕에 본부를 둔 전국 단체로써, 민주주의를 지향하는 몇 명의 흑인과 백인에 의해 1909년 2월 12일에 창립됐다. 그날을 택한 것은 그날이 바로 에이브러햄 링컨 대통령의 탄신일이었기 때문이다. 그들은 흑인에 대한 차별과 폭력과 불평등한 교육에 맞서기 위해 그 단체를 만들었다.

1940년대의 앨라배마 주에는 몽고메리, 버밍햄, 모빌 등 세 지역에 NAACP 분회가 있었다. 파크스는 일찍부터 몽고메리 분회의 회원이었지만 내게 가입하도록 권하지는 않았다. 너무 위험하다고 생각했기 때문이다. 몽고메리 NAACP 회원들은 활동가로 찍혀 보복 당하는 일이 드물지 않았다. 나는 그 단체에 여성 회원이 있으리라고는 생각하지도 않았다. 그러던 어느 날, 〈앨라배마 트리뷴(Alabama Tribune)〉 지에서 조니 카(Johnnie Carr)의 사진을 보았다. 조니는 미스 화이트 학교 시절 나의 같은 반 친구였다. 알고 보니 그녀는 몽고메리 NAACP의 유일한 여성 회원이었다. 몽고메리 NAACP에 아직 청년 분과는 없었다.

신문기사에 따르면 그녀는 NAACP 몽고메리 분회에서 일한다고 했다. 아마도 간사로 일했을 것이다. 나는 NAACP 사무실로 조니를 만나러 가보아야겠다고 생각했다. 1943년 12월, 몽고메리 NAACP가 연례 임원 선출을 위한 회의를 갖는다고 했다. 그곳에 가보았다. 하지만 조니는 없었고, 열네댓 명 정도의 남자들만 보였다. 나는 그 자리에서 회비를 낸 뒤 회원이 됐고, 그들은 임원을 선출했다. 나는 그날 그곳에 있던 유일한 여성 회원이었다. 그들은 나를 보더니 당장 간사가 한 명 필요한데 그 일을 해줄 수 있겠냐고 물었다. 나는 너무 주눅이 든 나머지 싫다고 말을 할 수가 없었다. 그 즉시 나는 회의록을 적기 시작했다. 그렇게 해서 나는 졸지에 몽고메리 NAACP의 간사로 선출됐다. 보수는 한 푼도 없었지만 난 그 일을 아주 좋아했고, 파크스도 나를 적극 지지해주었다.

1930년대와 1940년대 중반까지는 시민권 운동에 참여하는 여자들이 결코 흔치 않았다. 나 역시 그리 깊이 관여하지는 않았다. 나이가 젊은 편이어서 더욱 그랬다. 하지만 40년대 말부터 50년대와 60년대로 접어들면서 여자들의 참여도가 훨씬 높아졌다. 여성 활동가의 수도 늘고, 유권자 등록을 한 여자들과 유권자 모임에 참석하는 여자들의 수도 늘어갔다.

NAACP에 가입하여 간사가 된 날을 나는 지금도 생생히 기억한다. 조니와 나는 몽고메리 NAACP의 회의에 참석하는 유일한 여자들이었다. 닉슨 씨가 회장이었는데, 이따금 그의 부인도 회의에 나오긴 했지만 회원으로서보다는 남편을 수행하려는 목적이 더 큰 것 같았다. 나는 닉슨 씨에게 줄 기사를 수집하고, 서류 작업을 하고, 각종 회의에 분주히 참석했다. 이런 나를 보고 닉슨 씨는 껄껄 웃으며 말했다.

"여자들은 자고로 부엌에 있어야 하는데 말이야."

내가 물었다. "그런가요? 그럼 저는 어쩌죠?"

"어찌됐든 나는 간사가 필요하고, 자넨 정말 만점짜리 간사야."

그는 늘 내가 한 일에 칭찬을 쏟아 붓고 격려를 아끼지 않았다.

몽고메리 NAACP의 회원들은 대부분 흑인이었다. 백인들이 이 단체에 가입하려면 엄청난 용기가 필요했다. 다른 백인들로부터 따돌림 당할 것을 각오해야 했기 때문이다. 흑인에게도 백인에게도, 흑인을 위해 행동하는 것은 여전히 위험한 일이었다.

우리는 북부의 백인들로부터 더 많은 도움을 받았다. 스카츠보로 소년들 중 하나인 앤디 라이트가 보호관찰 규정을 어기고 앨라배마 주 밖으로 나가는 바람에 큰 곤경에 처한 적이 있었다. 엄마를 만나러 테네시 주에 갔던 것이다. 앤디는 1946년 8월에 다시 체포되었고, 가석방 심의위원회는 그를 1947년 6월까지 재수감하기로 결정했다. 그 뒤 앤디는 또 한 번 체포, 구금된 후, 가석방으로 풀려났다. 앤디의 후견인단에 제노비아 존슨이라는 사람이 있었다. 흑인 여자였다. 그녀와 그녀의 남편은 내가 고등학교 과정을 이수했던 앨라배마 스테이트 노멀의 구내식당을 운영하고 있었다. 존슨 부인, W.G. 포터, J.E.피어슨 교수, 닉슨 씨, 그리고 나. 이 다섯 사람이 앤디의 후견인단을 이루었다. 우리는 앤디를 돕기 위해 가석방 심의위원회를 만났다. 위원들 모두 백인들이었다.

위원회의 한 여성은 북부 동정론자들이 돈을 많이 보내주어 앤디를 비롯한 스카츠보로 소년들 모두 감옥에서 지나치게 좋은 대접을 받고 있다고 했다. 그녀는 소년들을 '철부지 응석받이들'이라고 표현했다. 위원회는 소년들을 계속 구금하는 것은 적절치 않으며, 그들도 감옥 밖으로 나가보아야 세상의 쓴맛을 알게 될 거라고 했다.

가석방 심의위원회는 앤디를 가석방하기로 결정했다. 몽고메리 NAACP는 그가 트럭 운전기사로 취직하도록 도왔고, 그와 지속적으로 관계를 유지했다.

NAACP의 간사인 나는 지역에서 거둔 회비를 장부에 기록하고 그것을 뉴욕 본부에 송금하는 일을 했고, 전화를 받거나 편지를 쓰는 일, 신문사에 보도 자료를 보내는 일 등을 했다. 내가 맡은 또 다른 중요한 업무는 흑인에 대한 차별행위나 부당한 대우, 폭력 사건 등을 기록하는 일이었다.

그러한 기록은 끝없이 이어졌다. 애비빌에서 있었던 한 사건이 특히 기억에 남는다. 애비빌은 내 아버지와 그의 가족이 살았던 곳이기도 하다. 총과 칼로 무장한 여섯 명의 백인 남자들이 교회를 나와 집으로 돌아가던 레시 테일러라는 한 흑인 여성을 납치한 후 옷을 벗기고 집단 강간을 한 사건이었다. 1944년 9월 3일에 일어난 일이었다. 납치 차량의 운전자가 그 사실을 실토하고 자신도 공범이었음을 자백했음에도 불구하고 헨리 카운티의 대배심원단은 그 여섯 명의 백인들을 기소하지 않기로 결정했다. 흑인과 백인을 비롯한 많은 사람들이 그 결정에 대해 들고일어났다. 몇몇 사람들이 '테일러 부인을 위한 평등 정의 위원회'(Committee for Equal Justice for Mrs. Taylor)를 조직했다. 백인인 캐롤라인 벨린 부인이 그 위원회의 상임간사를 맡아 테일러 부인을 돕는데 발 벗고 나섰다. 어느 날 벨린 부인이 몽고메리 NAACP 사무실을 찾아와 협조를 요청했다. 애비빌에는 NAACP 분회가 없었기 때문이다. 1945년 여름의 일이었다.

우리는 도울 방법을 찾았지만 할 수 있는 일이 많지 않았다. 벨린 부인이 애비빌에 있는 테일러 부인의 집을 방문하려 했으나 보완관이 그녀를 쫓아내며 검둥이 구역에는 얼씬도 하지 말라고 으름장을 놓았다. NAACP와 평등 정의 위원회는 가까스로 주지사 촌시 스파크스로 하여금 이 사건을 재수사하기 위한 특별 대배심원단을 소집하도록 하는데 성공했다. 하지만 특별 대배심원단 역시 범인들의 기소를 거부했다.

만일 백인 여자가 흑인 남자에게 강간당했다고 말했다면 결과는 정반대였을 것이다. 백인 여자들 때문에 흑인 남자들이 뒤집어 쓴 억울한 누명과 무고한 희생은 이루 말로 다 할 수 없다. 불쌍한 제레미아 리브스 사건을 언급하지 않을 수 없다. 10대 흑인 청년이던 제레미아는 배달원이었다. 어떤 백인 여자가 종종 그를 자기 집으로 불러들였고(두 사람은 연인 사이였다) 주변사람들이 그것을 눈치 채기 시작했다.

어느 날, 우연히 창밖으로 그 여자의 집을 바라보던 옆집 사람이 그 여자와 제레미아가 서로 옷을 벗기고 있는 것을 목격했다. 누군가가 집안을 바라보고 있다는 것을 눈치 채자마자 백인 여자는 "살려주세요, 이 사람이 나를 강간하려 해요." 라고 소리쳤다. 경찰이 와서 제레미아를 잡아 갔다. 그의 나이가 고작 열일곱 혹은 열여덟 살일 때였다.

제레미아의 어머니는 NAACP에 도움을 청했고, 우리는 몇 년을 이 사건에 매달렸다. 당시 나는 한 양복점에서 일하고 있었는데, 내 동료이자 친구인 버사 버틀러와 나눈 얘기가 생각난다. 내가 말했다.

"그 백인 여자가 어디에 사는지 알면 좋겠어. 그 여자를 설득해서 사실을 말하도록 하게 말이야. 누군가랑 같이 갈 수 있으면 좋을 텐데…."

버사가 말했다.

"꿈 깨, 친구야. 네 어머니나 남편이 네가 거기 가도록 내버려 두진 않을 거야."

하지만 누군가와 함께만 갈 수 있다면 난 위험을 무릅쓸 각오가 되어 있었다.

제레미아 리브스가 그 여자를 강간했다는 증거는 전혀 없었다. 그가 자신을 강간했다는 그 여자의 진술이 전부였다. 나는 그녀가 거짓말을 했다는 증거를 찾아보고자 무진 애를 썼지만 끝내 찾을 수 없었다. 제레미아는 여러 해 동안 사형수로 지냈다. 감옥에서 그는 아주 많은 시를 썼다. 그중 몇 편은 출판되기도 했다. 나는 그의 시를 읽었고, 또 간직했다. 무척 젊었던 그의 어머니는 영화배우처럼 예뻤다. 일찍 결혼해서 아이를 여럿 두었는데 제레미아가 그중 맏이였다. 몽고메리 NAACP는 계속해서 제레미아의 구명을 위해 애썼지만 헛수고였다. 결국 그는 스물한 살 되던 해에 처형됐다. 그가 죽임을 당한 것은 크나큰 비극이었다. 우리의 모든 노력이 그렇게 수포로 돌아갈 때마다 이 일을 계속할 의미가 있는 것인지 회의가 들곤 했다.

물론, 흑인 남자와 관계를 맺은 모든 백인 여자가 자신을 강간 피해자라고 주장한 것은 아니다. 앨라배마 남부에서 발생한 어떤 사건을 신문에서 읽었던 기억이 있다. 남편을 잃고 아홉 살 난 아들과 살던 한 백인 여자에 대한 기사였다. 그녀에게 흑인 남자친구가 있었는데, 아들 때문에 그를 집안으로 들일 수가 없었다. 차고를 개조하여 그 안에 방을 하나 만들었고, 남자친구가 오면 그곳에서 함께 시간을 보냈다. 어느 날 그녀와 남자친구가 방에 있는데 경찰이 들이닥쳤다. 누군가 그들을 신고한 것이 분명했다. 그녀는 그가 자신을 강간한 것이 아니라고 말하며, 경찰이 그 흑인 남자를 체포하려는 것을 필사적으로 막았다. 경찰은 그녀를 체포했다. 그 때는 흑인과 백인이 성관계를 맺거나 결혼하는 것이 법으로 금지된 시대였다. 그 흑인 남자는 마을을 떠났다. 경제적으로 꽤 부유했던 그 백인 여자는 많은 돈을 주며 그를 떠나보냈다. 그녀는 마을에 남았고 이웃들로부터 완전한 따돌림을 당하며 살다가 끝내 스스로 목숨을 끊었다.

백인들이 흑인에게 폭력을 휘두를 때, 목격자들을 증인으로 나서도록 설득하는 일은 참으로 어려웠다. 앨라배마의 유니온스프링스라는 마을에 한 흑인 목사가 있었다. 내가 인터뷰하려다 실패한 사람들 중 하나였다. 그는 어떤 백인 남자가 토마스라는 이름의 흑인 남자를 총으로 쏴 죽이는 것을 직접 목격했다. 그 백인 남자는 어떤 흑인 여자와 사귀고 있었는데, 그 흑인 남자가 자신이 사귀던 그 흑인 여자와 사귀고 있다는 걸 알고는 흑인 남자를 죽여버린 것이다. 사건을 목격한 목사는 그 즉시 차를 몰고 정신없이 몽고메리로 향했다. 몽고메리에 도착한 후 제일 먼저 내 남편을 만났다. 남편이 말했다.

"로자에게 사건 정황을 자세히 말씀해주시죠."

나는 종이와 펜을 들고 그가 말하는 걸 적기 시작했다. 하지만 그는 갑자기 인터뷰를 중단했다. 본인은 아니라고 했지만, 겁을 먹은 게 분명했다. 가족을 마을에 그대로 둔 채 길을 떠난 게 마음에 걸리고, 증언을 하기 전에 생각해봐야 할 게 너무 많다고 했다.

살인을 한 백인 남자를 고발하려면 유일한 증인인 그 목사의 진술이 필요했다. 하지만 목사는 경찰서에 가서 증언하는 것은 고사하고, 내게 자신이 목격한 사실을 말하는 것도 거부했다. 최소한 그의 진술이 있어야 그것을 공증 받아서 워싱턴의 사법부로 보내기라도 할 텐데 그는 계속 거부했다.

목사가 내게 아무 이야기도 하지 않자 흥분한 내 남편이 목사에게 화를 냈다. 내가 말했다. "그의 잘못은 아니에요." 맞는 말이었다. 누군가의 죄를 묻기 위해 자신과 가족들의 삶을 포기해야 할지도 모른다는 것, 그것은 결코 쉬운 일이 아니었다.

이와 유사한 일은 또 있었다. 엘모어 볼링이라는, 비교적 잘 사는 어떤 흑인 남자가 연루된 일이었다. 그는 커다란 트럭을 몰며 가축을 운반하는 일을 했다. 그가 소떼를 싣고 도살장으로 운전해가던 모습을 종종 본 적이 있다. 어떤 백인이 그를 죽였다. 앞의 사례에서와 같은 이유에서였다. 그 백인은 엘모어가 전화에 대고 자기 부인을 모욕하는 말을 해서 죽였을 뿐이라며, 그를 죽인 것은 정당방위에 해당된다고 주장했다. 그것은 사실과 달랐다. 자신의 흑인 애인과 엘모어가 함께 데이트하는 것을 보았던 것이다.

나는 한 때 이런 사건들에 대한 기록을 모두 보관하고 있었지만, 애석하게도 지금은 아니다. 서류들을 NAACP 사무실에 두었었는데 어느 날 닉슨 씨가 그것을 자신이 소유한 작은 빌딩으로 옮겨 보관했다. 불행히도 훗날 누군가가 실수로 그것을 모두 폐기해버렸다. 중요한 역사적 기록들이 그렇게 사라지고 만 것이다. 많은 사건을 접수받고 기록했지만 우리가 성공한 사건은 그리 많지 않았다. 하지만, 성공이냐 실패냐를 떠나, 우리가 부당한 권력에 맞서 힘껏 싸웠다는 것, 흑인을 이등 시민으로 대우하던 관행을 종식시키고자 애쓰는 집단이 있다는 사실을 세상에 널리 알릴 수 있었다는 것은 참으로 의미가 깊다.

7

백인들의 폭력은 더욱 심해져가고

제2차 세계대전이 끝난 후인 1940대 말에는 흑인에 대한 백인의 폭력이 훨씬 더 횡행했다. 고향으로 돌아온 흑인 병사들은 나라를 위해 싸웠으니 자신들도 백인들과 동등한 권리를 가질 자격이 있다고 생각했다.

내 동생 실베스터 역시 1940년대 초에 군에 징집되어 유럽과 태평양 전장에서 싸웠다. 당시에는 군인들도 흑과 백으로 분리되었다. 흑인 병사들은 막사 청소라든가 중상을 입은 군인들을 돌보는 일 같은, 상대적으로 덜 중요하거나 험한 임무에 배정되었다. 흑인 병사들이 진급하는 경우란 가뭄에 콩 나듯했다. 한마디로 말하면, 백인 인종차별주의자들에 의해 조종되는 군대 역시 바깥 사회와 별반 다르지 않았다. 하지만 영국이나 프랑스 사람들은 미국의 흑인 병사들을 따뜻하게 맞았다. 흑인 병사들은 영국이나 프랑스, 또는 이탈리아에 복무하면서 백인 여자친구도

제2차 세계대전 동안 미국의 흑인 병사들은 조국을 위해 힘껏 싸웠다. 그러나 전쟁이 끝나고 남부로 돌아왔을 때 그들을 맞이한 건 전과 다름없는 인종차별뿐이었다. (NAACP 홍보실 제공)

사귀었고, 종종 결혼하는 경우도 있었다. 그곳에서 병사들은 자유를 위해 싸우는 자신들의 행위가 무척 존중받는 느낌을 가질 수 있었다.

군복무를 마치고 귀향한 실베스터는 흑백 분리주의가 지배하는 남부에서의 삶에 다시 적응하는 것을 몹시 힘들어했다. 흑인들의 삶이 전혀 변하지 않았다는 사실에 충격을 받았다.

고향에 돌아온 많은 흑인 참전군인들은 유권자 등록을 하려

했으나 뜻대로 되지 않았다. 그들은 상황이 나아지기는커녕, 오히려 더 후퇴했다는 느낌을 받았다. 군복을 입은 흑인들에 대한 백인들의 태도는 사실 더 나빠졌다. 지금까지의 흑백 분리 체제가 그대로 이어지길 바라던 백인들은 흑인 참전군인들이 너무 건방져간다고 생각했다. 실베스터는 그런 취급을 더 이상 참지 못했다. 뿐만 아니라, 몽고메리에서 직장을 구하지 못한 그는 다른 사람에게 경제적으로 의존해야 하는 처지도 견딜 수 없었다. 마침내 그는 가족을 데리고 미시건 주의 디트로이트로 떠났다.

1949년에는 유난히 많은 폭행 사건이 발생했다. 그중 한 사건을 특히 잊을 수 없다. 뉴저지 주의 뉴와크에 두 흑인 남매가 있었다. 누나 에드위나 존슨은 열여섯 살이고, 동생 마샬 존슨은 열다섯 살이었다. 어느 날 남매가 몽고메리를 방문했다. 하지만 아무도 그들에게 흑백 분리 법률에 대해 말해주지 않았다. 남매는 시내버스에 올라 백인좌석에 앉았다. 운전기사는 권총을 들이대며 그들을 버스에서 쫓아냈다. 경찰까지 출동하여 남매를 체포했고, 그들은 이틀 동안 유치장에 구금됐다. 1949년 7월의 일이었다. 와일리 힐 판사는 남매가 스물한 살이 될 때까지 교정시설에 보내겠다고 위협했다. NAACP가 나서서 남매에게 변호사를 선임해주었고, 결국 그들은 벌금만 내고 풀려났다.

폭행 사건이 앨라배마에서만 발생했던 것은 아니다. 사우스캐롤라이나 주에서 있었던 사건이다. 아이작 우다드라는 이름의 흑인 남자가 사우스캐롤라이나에 주둔한 군대에서 제대한 후 버스를 탔다. 한 백인 남자가 그의 뒤통수를 때린 바람에 그의 눈이 튀어나와버렸다. 백인의 이름은 쇼어였다. 전원 백인으로 구성된 배심원단은 단 15분 만에 심리를 마친 뒤 쇼어를 무죄 방면했다. 배심원 심리에 앞서 쇼어의 변호사는 이렇게 말했다.

"쇼어에게 유죄판결을 내리면, 사우스캐롤라이나는 다시 독립투쟁에 나서게 될 겁니다."

남북전쟁이 있기 전에 남부의 주들이 북부 연방으로부터 분리되어 있던 사실을 상기시키는 말이었다.

1949년은 참으로 험난한 한 해였다. 신문에 보도되지 않아 대부분의 사람들이 알 수 없었던 사건도 많이 일어났다. 흑인에 대한 백인의 그 엄청난 폭력과 증오로 인해 때때로 좌절감이 엄습했다. 하지만 내 일을 중단할 수는 없었다.

그 당시 나는 NAACP 노인회와 청년회 두 조직의 고문으로 일했다. 젊은이들과 함께 일하는 것을 나는 특히 좋아했다. 청년회 회원들의 다수는 중고등학생들이었다. 우리가 진행한 프로젝트 중 하나는 흑인 학생들이 시 변두리에 있는 흑인전용 도서관이 아닌, 시내의 중앙도서관을 이용하도록 설득하는 일이었다.

　흑인전용 도서관은 소장도서가 그리 많지 않았다. 자기가 찾는 책이 없을 경우 도서 신청서를 작성하여 제출하는데, 그 경우 흑인 도서관은 결국 중앙도서관에서 그 책을 빌려오게 된다. 그 책을 대출한 사람은 나중에 그것을 흑인 도서관에 반납해야 한다. NAACP 청년회 회원들은 중앙도서관에 가서 흑인들이 그곳을 이용할 수 있게 해달라고 요청했다. 멀리 떨어진 변두리 흑인 도서관까지 가야하는 불편함을 덜어달라는 것이었다. 하지만 그 요청은 끝내 묵살됐다.

　1950년대 초, 닉슨 씨가 몽고메리 NAACP 대표직에서 물러났다. 하지만 계속해서 NAACP의 열성적인 활동가로 남아 있었다. 그는 흑인 철도근로자 노동조합의 침대차 잡역부 지역 분회 의장이었는데, 지역 차원의 활동을 하기 위해 자신의 노조사무실을 이용하기도 했다. 나는 자원봉사자 자격으로 그의 사무실에서도 일했다. NAACP에서 하던 일과 유사한 일이었다. 그는 늘 내가 만능 일꾼이라고 칭찬했다. 전화 응답도 하고, 편지작성을 하고, 사람들이 도움을 요청하는 각종 사건들에 대해 상세히 기록했다. 옷가게에서 재봉일도 계속했는데, 일이 없는 날이면 사무실에 가서 온종일 사무를 보았다. 종종 닉슨 씨에게 샌드위치도 만들어다 주었다. 그는 노조일로 철도역에 가 있지 않은 시간에는 늘 시내 사무실에 있었다.

나를 버지니아 더(Virginia Durr) 부인에게 소개해준 것도 닉슨 씨였다. 어느 날 그가 우리 집에 와서 나를 차에 태우고 더 부인의 집으로 갔다. 그녀는 버밍햄에서 태어나고 자란 백인이었지만, 인종차별주의를 잘 떨쳐버린 사람이었다. 흑인들을 위해 많은 일을 해온 그녀와 그녀의 남편 클리포드 더(Clifford Durr) 변호사에게는 당연히 백인 친구들이 그리 많지 않았다. 나는 더 부인이 어떻게 반(反)인종차별주의자가 됐는지 자세히 알지 못했다. 단지, 그녀의 부모와 형제자매 모두 뼛속 깊이 흑백 분리주의자였던 걸 보면, 그녀는 아마도 돌연변이로 태어났을 지도 모른다고 생각했다.

그녀를 만난 것은 1954년이었다. 그녀는 내가 바느질을 잘 한다는 이야기를 듣고 내게 일감을 맡기고자 했다. 나는 그녀의 딸이 결혼식에서 입을 속옷 바지를 만드는 일을 도왔다. 웨딩드레스는 만들지 않았지만, 결혼식에 필요한 다른 여러 가지 의상도 만들었다. 그 후로 더 부인은 바느질이 필요할 때마다 나를 불렀다. 그녀는 흑인과 백인이 함께 참여하는 어떤 기도모임을 조직했고 나도 그 모임에 나가게 되었다. 흑인 여자와 백인 여자 몇 명이 아침에 그녀의 집에서 모임을 갖곤 했다. 그러나 얼마 후 백인 여자들의 남편이나 아버지들, 남자 형제들이 크게 반대하여 그 모임은 해산되고 말았다.

그러면서 나는 버지니아를 더욱 더 잘 알게 되었다.(그녀는 그냥 이름을 부르라고 했지만, 그녀를 위해 일하는 동안만큼은 나는 그녀를 더 부인이라고 불렀다) 그녀는 자신이 어떤 계기로 반인종차별주의자가 되었는지에 대해 내게 말해주었다. 매사추세츠 주의 어떤 대학에 다니던 어느 날, 그녀는 학교 구내식당에 들어갔다. 안내된 테이블에 가니 한 흑인 여대생이 그 테이블에서 식사를 하고 있었다. 버지니아는 그 흑인 여대생 옆에 앉아야 하는 건지 아닌지 잠시 망설였다. 흑인과 동등한 자격으로 나란히 한 테이블에 앉아본 적이 없었기 때문이다. 그녀는 그 흑인 여대생도 다른 학생들과 마찬가지로 그곳에 앉을 자격이 있다는 사실을 받아들이기로 결심했다. 버지니아는 그때의 그 결정을 후회해본 적이 단 한 번도 없다고 말했다. 결혼 후, 더 부부는 워싱턴에 살았고, 그곳에서 더 변호사는 연방통신위원회의 위원으로 일했다. 남편이 앨라배마로 돌아가자고 제안했을 때 버지니아는 고민했다. 앨라배마에 사는 대부분의 백인들이 인종문제에 대해 어떤 태도를 갖고 있는지를 잘 알았기 때문이다. 20년 만에 다시

흑백 분리교육이 위헌이라고 선언한 〈브라운 대 교육위원회〉 판결 1년 후 수도 워싱턴의 한 초등학교 모습. (미국 의회도서관, U.S.N.& W.R. 콜렉션)

앨라배마로 돌아온 그녀는 흑백 분리주의를 종식시키려는 우리들의 노력에 동참하고자 했다. 다른 백인들로부터 따돌림 당하고, 고통스러운 일을 겪게 될지라도 감수할 준비가 되어 있었다.

내가 더 부인을 처음 만난 1954년, 미국 연방 대법원은 그 유명한 〈브라운 대 교육위원회 최종판결〉을 발표했다. 흑백 분리교육을 위헌으로 선언한 판결이었다. 흑백 분리교육 폐지는 NAACP가 1925년부터 힘들여 싸워온 이슈였다. 백인들은 흑백 분리교육이 '분리하되 공평한' 교육이라고 항변해왔다. 하지만 어떤 각도에서 보더라도, 남부의 교육제도는 분리되고 불공평할 뿐이었다. 나의 경험을 보더라도 그것은 너무나 분명했다.

1920년대와 1930년대에, NAACP는 흑인 교사들의 동일임금을 위해 싸우기 시작했다. 흑인 교사가 백인 교사에 비해 얼마나 형편없이 낮은 임금을 받는지 어릴 때부터 내 어머니에게 익히 들어왔다. 어머니가 몽고메리 카운티의 학교를 결국 그만둔 것도 그 때문이었다. NAACP는 동일임금을 위해 싸우는 버밍햄 지역 흑인 교사들을 다각적으로 도왔다. 그것은 아주 오랜 시간이 걸렸다. 1938년에서 1945년쯤까지였으니까 7년은 족히 걸린 것이다. 많은 사람들을 대신해 소송을 거는 집단소송을 하기 위해서는 법률적으로 그들을 대표할 소송인, 즉 변호사가 필요하다. 집단소송의 소송인이 된다는 것은 엄청난 용기를 필요로 하는 일이었다. 목숨을 잃을 수도 있었다. 가까스로 변호사를 구했으나 그는 곧 군대에 징집되었다. 하지만, 우여곡절 끝에 NAACP와 교사들은 마침내 승소했고, 1945년 가을부터 흑백 교사들 간의 동일임금이 실시되었다.

 1951년 NAACP가 브라운 사건(the Brown Case)과 관련하여 교육위원회를 상대로 소송을 걸기 전에도 아칸소 주, 텍사스 주, 노스캐롤라이나 주, 버지니아 주, 미주리 주 등지에서 흑백 분리 초등학교와 중고등학교를 상대로 한 소송이 NAACP를 포함한 여러 단체들에 의해 이미 십여 건이나 제기된 바 있었다. 그러나 연방 대법원 최종 판결까지 끌고 갔던 사건은 캔자스 주 토페카에서 발생한 브라운 사건이었다. 찰스 해밀턴 휴스턴과 서굿 마샬이라는 이름의 두 변호사가 그것을 가능케 했다. 마샬 변호사는 사회학자인 케네스 클락 박사를 재판정에 불러 분리교육이 흑인 어린이들에게 부정적인 영향을 미친다는 증언을 하게 했다. 서굿 마샬은 1960년대에 흑인 최초로 연방대법원 판사가 되었다.

1954년 5월, 연방대법원의 최종판결이 발표됐을 때 우리 흑인들과 일부 백인들의 기쁨이 얼마나 컸을지 아마 독자들은 상상하기 어려울 것이다. 우리는 흑백 분리교육은 평등이념에 위배된다는 대법원 판결이 다른 흑백 분리 관행들, 예컨대 흑백 분리 버스탑승 제도 등에도 적용될 수 있을 것이라 생각했다.

희망이 용솟음치는 순간이었다. 우리 흑인들은 마침내 분리주의 법을 없앨 진정한 기회가 왔다고 믿었다. 그 즈음 프레드 그레이(Fred Gray) 변호사가 몽고메리로 돌아와 법률사무소를 열었다. 그는 몽고메리에서 태어나고 자랐다. 불과 열두 살 나이에 예수교회 목사가 되었지만 흑인이라는 이유로 핍박받은 것은 마찬가지였다. 분리주의 교육을 피해 그는 북부로 가서 법을 공부했다. 변호사가 된 후 한동안 북부에 머물렀지만 고향인 남부로 돌아와 그곳 흑인들의 투쟁을 돕기로 결정했다. 그가 몽고메리 시내에 법률사무소를 개업했을 때 난 얼마나 기뻤는지 모른다. 법률문제에 대해 조언을 구할 두 번째 흑인변호사가 생겼으니 말이다.

첫 번째 변호사는 찰스 랭포드였다. 프레드 그레이가 법률사무소를 열기 전에 마할리아 애슐리 디커슨이라는 흑인 여성이 운영하던 법률사무소가 있었다. 하지만 그녀는 얼마 지나지 않아 몽고메리를 떠났다. 지역 흑인들로부터 그다지 충분한 일감을 받지 못했기 때문이었다. 홀로 세쌍둥이를 키우던 그녀는 먹고살 만큼의 수임료를 벌어들이지 못하는 몽고메리에서의 변호사 업을 결국 접어야 했다.

연방대법원의 〈브라운 대 교육위원회 판결〉 이후, 우리는 뒤이어 무슨 일이 일어날지 지켜보았다. 대법원이 해답을 제시해야 했던 다음 질문은 과연 어떻게 교육기관에서의 분리주의를 없앨 것인가였다. 대법원은 1955년 4월이 되어서야 비로소 그에 대한 각계의 의견을 청취하기 시작했다. 그러나 많은 활동가들은 앞장서서, 미리 여러 계획들을 만들었다. 더 부인이 내게 어떤 워크숍에 대해 말해주었다. '인종통합: 대법원 판결의 적용 방안'이라는 주제로 열흘 동안 진행되는 워크숍으로, 테네시 주 몬티글 시의 하이랜더 시민학교(Highlander Folk School)에서 개최될 것이라고 했다. 더 부인은 내가 그 워크숍에 참석해야 한다며, 나의 참가비용을 모아보겠다고 했다. 닉슨 씨도 나의 참석을 적극 지지했다. 1955년 여름이었다.

훗날 더 부인은 그녀의 자서전에 그 때 일을 언급하며, 내가 여행가방도 수영복도 없어서 그녀가 마련해 주었다고 썼다. 내 기억은 사뭇 다르다. 여행을 해 본 적이 없기 때문에 여행가방이 없었던 건 사실이었다. 하지만 하이랜더에 여행가방을 들고 가진 않았다. 그리고 내겐 이미 수영복이 있었다. 1950년 플로리다에 갈 때 수영복을 하나 마련했었다. 나는 몽고메리의 어떤 가정집에서 일하고 있었다. 집안일도 하고, 가벼운 천식을 앓던 세 살 짜리 그 집 딸도 돌보았다. 그들이 플로리다로 여행을 가면서 나도 데려간 적이 있다. 멕시코 만 부근의 서니사이드 비치라는 곳이었다. 그때 그 수영복을 입고 해수욕을 했다. 하이랜더에는 호수가 하나 있었다. 하지만 난 그 호수에 들어가지는 않았다. 그때도 지금도 난 수영에 취미가 없다.

내가 하이랜더에 가는 것에 대해 내 남편 파크스가 뭐라고 말했는지는 생각이 나지 않는다. 아무튼 그는 나와 함께 가지 않았다. 그는 멀리 길 떠나는 걸 싫어하는 편이었지만, 내가 가는 것은 막지 않았다. 파일레벨에 살던 내 어머니는 제2차 세계대전이 끝난 후 파인레벨에서 몽고메리로 이사하여 우리와 함께 지

내고 있었다. 어머니와 파크스는 내가 없어도 사이좋게 잘 지냈다. 파크스는 음식을 잘 만들었다. 그가 어릴 때 어머니와 할머니가 몹시 편찮으셨기 때문에 주로 그가 음식을 만들었다고 한다.

더 부인은 하이랜더가 백인 학교라는 것을 내게 말해주지 않았다. 흑인 학교라고도 말하지 않았다. 사실, 그 워크숍 내용에 대해서도 거의 아무것도 모른 채로 갔다. 하이랜더 시민학교가 소재한 테네시 주 그런디 카운티에 도착했다. 길거리에 흑인이라곤 눈을 씻고 찾아봐도 없었다. 내가 그곳에 있는 동안 마주친 흑인이라곤 하이랜더 워크숍에 참석한 흑인들이 전부였다. 워크숍에 참석한 백인들을 제외하고는 그 지역의 어떤 백인과도 말 한 마디 나누지 못했다. 하지만 그 지역 백인들이 하이랜더 시민학교에 대해 호의적이지 않다는 것을 충분히 느낄 수 있었다. 백인들이 그 학교를 불태워버린 적도 있다고 했다.

나는 버스를 타고 테네시 주 차타누가에 도착했다. 거기에서 한 백인남자가 나를 차에 태워 50마일 떨어진 몬티글까지 데려다주었다. 차 안에서 그 남자와 나는 거의 아무 말도 나누지 않았다. 하지만 그것이 그리 불편하지는 않았다. 나는 백인들에 익숙했고 그들이 나를 받아들이는 만큼만 나도 그들을 받아들였다. 바깥 풍경이 무척 아름다웠다. 하이랜더에 도착할 때쯤 되어서야 나는 왜 그곳이 하이랜더(높은 땅)라 불리는지 알 수 있었다. 그곳은 높은 산맥 위의 넓은 평지에 위치했고, 꽃밭과 가축 무리들로 둘러싸여 있었다.

하이랜더 시민학교는 대공황 시대이던 1932년 마일즈 호튼(Myles Horton)이라는 남자에 의해 설립되었다. 그는 사람들이 적절한 지도만 받는다면 자신의 문제를 스스로 풀 수 있다는 믿음을 가지고 있었다. 개교 당시에는 애팔래치아 산맥 지역의 억압받는 백인 노동자들에게 초점을 두었다. 그는 노사관계라든가 노동자의 권리, 그리고 흑백문제 등에 관한 워크숍을 열었다. 1950년대에 접어들면서부터는 시민권 문제에 관심을 집중했다. 하이랜더 시민학교는 미래 지도자들을 집중적으로 훈련시켜 그들이 고향에 돌아가서 자신이 배운 것을 활용하여 세상을 변화시키는데 기여할 수 있도록 워크숍을 조직하고 이끌었다. 지역의 백인들이 그 학교에 대해 적대감을 갖기 시작한 것이 바로 그때부터였다.

나는 하이랜더 시민학교에서 셉티마 포인세트 클라크(Septima Poinsette Clark)라는 흑인 여자를 만났다. 그녀는 사우스캐롤라이나의 찰스톤에서 교사로 일했었는데, NAACP 회원이 되어 흑백 교사 동일임금 쟁취 운동에 참여하면서 교직에서 쫓겨났다. 그녀는 윌리엄 웨이트 웨링 판사의 친구이기도 했는데, 웨링 판사는 민주당이 대통령후보 예비선거에서 흑인들에게 투표권을 주지 않은 것을 불법으로 판결한 것으로 유명한 사람이었다. 사우스캐롤라이나에서는 흑인들이 민주당에 당원으로 등록할 수 없었다. 민주당이 스스로를 공적 조직이 아닌 사적 클럽으로 규정했기 때문이었다. 당시 사우스캐롤라이나에는 공화당이 없던 시기로서, 민주당이 유일한 정당이었다.

내가 하이랜더에서 셉티마 포인세트 클라크(그녀는 포인세트 가문이 소유했던 한 노예의 딸이었다. 포인세티아라는 꽃의 이름은 그 가문의 이름을 따서 지어진 것이다)를 처음 만났을 때 그녀는 50대 후반이었고, 그곳에서 시민권에 대해 가르치고 있었다. 그녀는 '시민권 학교'라는 프로그램의 책임자로서, 성인들을 대상으로 읽고 쓰기 및 시민권에 대한 기본 지식을 가르치는데 주력했다. 그 가르침을 받은 사람들이 각자의 지역으로 돌아가 다른 사람들에게 같은 것을 가르쳐서 그들이 궁극적으로 유권자 등록을 할 수 있도록 하는 것이 프로그램의 목표였다. 그녀는 하이랜더에서의 삶을 무척 좋아하고 편안해했지만, 학교 밖 지역사회의 분위기는 그녀를 매우 힘들게 했다. 마일즈 호튼 씨가 출장을 떠나 그녀가 혼자 학교를 지키던 어느 날, 백인들이 몰려와 학교에 불을 지르고 그녀를 유치장에 가둔 적이 있었다. 그들은 그녀에게 술을 마셨다는 둥, 공산주의자라는 둥의 누명을 씌우려 했다. 그녀가 하이랜더에서 하는 일이 못마땅했던 것이다. 셉티마는 후에 자신의 삶을 서술한 〈내 영혼 속의 메아리(Echo in My Soul)〉라는 책을 썼고, 내게도 한 권 선물했다. 그리고 크리스마스 때마다 나에게 편지를 보냈다.

 내가 하이랜더에 간 그 여름은 그들이 성인 대상 프로그램을 처음 실시한 때였다. 버니스 로빈슨이라는 흑인 미용사가 한 반을 가르쳤다. 수업은 일주일에 두 번씩 야간에 있었고, 학생은 열네 명이었다. 버니스는 이름 쓰는 법, 수표 쓰는 법, 군대에 간 배우자나 아들에게 편지 쓰는 법 등 아주 기본적인 것들을 가르쳤다. 마지막 수업이 끝난 후 여덟 명의 학생이 유권자 등록을 위한 문해 시험을 통과했다.

 나는 하이랜더에 열흘 간 머물면서 주로 교육기관에서의 인종통합 방법에 관한 여러 워크숍에 참석했다. 모든 프로그램이 아주 잘 조직되어 있었다. 모든 참석자들에게는 의무적으로 해야 하는 일도 많이 있었다. 게시판에는 그날그날 우리가 해야 할 일의 목록이 적혀 있었고, 우리는 그것들을 서로 잘 나누어 했다. 그곳에서 내게 가장 큰 즐거움을 주었던 것은 뭐니 뭐니 해

로자가 터스키기 학교의 교장인 프레드 패터슨 박사와 하이랜더 시민학교에서 회의를 하고 있다. (로자 파크스 제공)

도 베이컨이 구워지고 커피가 끓는 냄새를 맡는 것이었다. 내가 직접 베이컨을 굽고 커피를 끓이는 것이 아니라, 나를 대신해서 백인들이 그 일을 하고 있다는 것, 바로 그것이었다. 하이랜더에는 구내 수영장도 있었고, 배구나 스퀘어댄싱도 할 수 있었다. 하이랜더에서 만난 사람들과 보낸 시간은 더없이 즐거웠다. 우리는 누가 흑인이고 누가 백인인지 의식하지도 못했다. 그 열흘은 내가 마흔두 해를 살아오면서 백인들로부터 어떤 적의도 느끼지 않았던 몇 안 되는 순간들 중 하나였다. 서로 다른 인종과 서로 다른 생활 배경을 가진 사람들이 평화롭게, 그리고 조화롭게 함께 워크숍을 진행하고 생활했다. 나는 다른 사람들로부터의 어떤 반격이나 반감을 느끼지 않으면서 내 자신을 솔직하게 표현할 수 있었다.

좀 더 오래 하이랜더에 머물 수도 있었다. 내가 돌아가는 곳이 어떤 곳인지를 생각하니 쉽게 발길이 떨어지지 않았다. 하지만 떠나야 한다는 것 역시 잘 알고 있었다. 나는 몽고메리로 돌아갔다. 페어 백화점의 보조 재봉사 일로 돌아갔다. 백인들이 아무리 무례하게 나를 취급해도 항상 웃고 상냥해야 하는 내 일터로 돌아갔다. 분리주의 규칙이 여전히 서슬 퍼렇게 지배하던 몽고메리 시내버스로 다시 돌아갔다.

8

"당신을 체포합니다"

여러 분리주의 제도 중 몽고메리 흑인들을 가장 분노하게 만든 것은 버스 분리탑승 제도였다. 1900년에 대중교통에서의 흑백 분리 시행에 관한 법률이 통과된 후 줄곧 그래왔다. 그 법이 통과된 직후 흑인들이 시내 전차 탑승 보이콧 운동을 벌였고, 시의회는 동 법률의 시행 조례를 바꾸어 흑인들이 옮겨 앉을 다른 빈 좌석이 있을 경우에만 백인들이 흑인들의 자리양보를 강제할 수 있도록 했다. 하지만 시간이 지나면서 법이 명시한 것과는 다른 관행이 자리를 잡아갔다. 과거 1943년에 내가 버스에서 쫓겨났을 당시, 나를 쫓아낸 그 운전기사는 사실 불법행위를 한 것이다. 그 사건이 일어난 지 2년 후인 1945년, 앨라배마 주는 주 내 모든 버스 회사는 분리주의 법을 준수해야 한다는 법을 통과시켰다. 하지만 그 법은 나와 같은 상황에서 운전기사가 어떻게 해야 하는지에 대해서는 상세하게 제시하지 않았다.

최초의 분리주의 법이 제정되고 반세기가 지난 후, 몽고메리에는 오만 명이 넘는 흑인들이 살고 있었다. 백인들은 자동차를 소유한 경우가 많았기 때문에, 버스 승객은 흑인이 더 많았다. 백인을 위해 일하느라 하루에 두 번, 일주일에 닷새를 버스로 움직여야 하는 우리들에게 분리탑승은 참으로 굴욕적이고 경멸적이었다.

분리탑승과 관련된 사건은 끊이지 않았다. 사건이 발생할 때마다 내가 늘 그것에 대해 분노했다고 더 부인은 그녀의 자서전에 썼다. 닉슨 씨는 어떻게든 상황을 변화시키려고 많은 노력을 기울였다. 그는 버스 회사를 직접 찾아가 흑인들이 앞문으로 올라가 요금을 낸 뒤 다시 내려가서 뒷문으로 탑승해야 관행에 대해 문제제기를 했다. 그들은 "그런 관행을 시작한 것은 당신들 흑인들이다. 당신들이 자발적으로 원해서 그렇게 된 거다."라고 말했다.

닉슨 씨는 데이 스트리트 버스 노선을 조금 더 연장해달라는 요구도 했다. 데이 스트리트 다리 건너편의 작은 마을에 사는 흑인들이 버스를 타기 위해 걸어서 다리를 건너야 했기 때문이다. 반마일이나 되는 거리였다. 그는 버스 회사에 가서 항의했다. 사실 그는 수도 없이 버스 회사에 가서 항의했다. 혼자 가기도 했고, 누군가와 함께 가기도 했다. 그는 자동차를 가지고 있었기 때문에 거의 버스를 타지 않았다. 하지만 지역 흑인들을 위해 항의를 멈추지 않았다. 버스 회사는 흑인들이 아무 불평 없이 지금까지 반마일을 걸어 버스를 타왔기 때문에 새삼스레 노선을 연장할 필요를 못 느낀다고 대답했다.

조 앤 로빈슨(Jo Ann Robinson)은 앨라배마 주립 대학의 영문학 교수였다. 1946년 그녀는 여성정치위원회(Women's Political Council)의 설립을 도왔다. 여러 해 동안 그녀 역시 버스 운전기사들과 잦은 충돌을 겪었다. 처음에는 이 문제를 다루는데 있어서 정치위원회의 다른 여성들을 결집하기가 매우 힘들었다. 그녀는 오하이오 주의 클리블랜드 출신이었고, 나머지 회원들 대부분은 몽고메리 출신이었다. 운전기사의 오만함에 대해 처음 그들에게 말을 꺼냈을 때 그들은 그것이 그저 받아들일 수밖에 없는 몽고메리의 현실이라며 문제 삼지 않았다. 그녀는 종종 정치위원회 이름으로 버스 회사에 항의방문을 하기도 했다. 마침내 버스 회사는 백인 거주 지역에서처럼 흑인 거주 지역에서도 동네마다 버스를 정차하도록 하겠다고 승낙했다. 하지만 이것은 극히 작은 승리에 불과했다.

우리 모두에게도 마찬가지였지만, 그녀를 더더욱 분노하게 만든 것은 버스 승객의 66퍼센트 이상이 흑인이라는 사실이었다. 흑인을 백인 승객과 분리하는 것은 불공평했다. 그러나 버스 회사도, 몽고메리 시장도, 시의원들도 우리의 말을 귀담아 듣지 않았다. 우리는 버스 보이콧을 하게 되면 버스 회사가 재정적으로 큰 타격을 입게 될 것이라고 논의한 적이 있다. 하지만 막상 몇몇 사람들에게 만일 버스 보이콧 운동이 벌어지면 참여할 수 있겠느냐고 물었을 때 반응은 회의적이었다. 일터까지 가는 그 먼 길을 버스를 타지 않고 걸어 갈 자신이 없다고 했다. 보이콧을 전개하더라도 흑인들로부터 충분한 지지를 얻을 수 있을 것 같지 않았다. 몽고메리 NAACP는 버스 분리 탑승제도에 대해 시를 상대로 소송을 제기할까도 생각해보았다. 하지만 적절한 고소인(plaintiff, 민사소송 사건에서 소송을 제기하는 당사자 – 옮긴이)을 찾는 일은 쉬워 보이지 않았다. 남자 고소인보다는 여자 고소인이 나을 듯했다. 남자보다는 여자가 더 동정표를 얻을 수 있으리라는 생각에서였다. 또한 그 여자 고소인은 사생활에 있어서 흠 잡힐 구석이 없어야 했고, 평판이 좋아야 했다. 절대로 자신의 좌석을 백인에게 내어 주지 않는 사람이어야 했다.

1955년 봄, 버스 중앙 좌석에 앉아있던 클로데트 콜빈(Claudette Colvin)이라는 10대 소녀와 한 노인 여성이 자기들의 자리를 백인에게 내주기를 거부한 사건이 있었다. 운전기사가 경찰을 부르려 하자 노인 여성은 버스에서 내렸다. 하지만 클로데트는 버스에서 내리기를 거부했다. 자기는 이미 요금을 지불했기 때문에 자리를 비켜주거나 버스에서 내릴 이유가 없다고 말했다. 경찰이 도착하여 그녀를 버스에서 끌어내린 뒤 체포했다. 그 이야기를 들은 나는 클로데트 콜빈이라는 이름이 귀에 익은 이름이라고 생각했다. 알고 보니 그 소녀는 바로 거스 본 아저씨의 증손녀였다. 여러 자식들과 함께 파인레벨에 살던, 백인 피는 한 방울도 섞이지 않은, 백인을 위해서는 절대로 일을 하지 않던 그 거스 본 아저씨 말이다. 그의 증손녀는 거스 아저씨의 높은 자존심을 그대로 물려받았음에 틀림없었다. 그리하여 나는 클로데트 사건에 특별한 관심을 갖게 되었다.

    클로데트가 체포된 후, 일군의 활동가들이 버스 회사 관리들과 시 관리들에게 청원서를 제출했다. 흑인들을 좀 더 정중하게 대우하고, 흑백 좌석을 명시적으로 정하지 말라는 내용의 청원이었다. 그 활동가들은 흑백 좌석분리 자체의 폐지를 요청하지는 않았다. 대신, 백인은 앞자리부터 앉고 흑인은 뒷자리부터 앉다가, 자리가 다 채워지면 바로 그 선이 분리선인 것으로 간주해달라고 했다. 내 기억으로는 흑인 운전기사를 고용하라는 내용도 청원서에 포함되었다. 시 당국과 버스 회사는 몇 달을 질질 끈 후 청원서에 답변했다. 어떤 요구도 들어줄 수 없다는 답변이었다.

활동가들이 그 청원서를 들고 시와 버스 회사에 갈 때 나는 함께 가지 않았다. 나는 청원서에 담긴 어떤 요구도 수락되지 않으리라 예상하고 있었다. 손에 종이 한 장 들고 가서 백인들에게 이것저것 좀 해주십사 부탁하는 행위는 결코 내키지 않았다. 그런 일은 절대로 하지 않겠다고 나는 내 자신과 약속했다.

나는 닉슨 씨 및 조 앤 로빈슨 교수와 함께 클로데트를 만나 그녀의 사건을 연방 법원에 제소하자고 했다. 그녀가 동의했다. 소송비용을 마련하기 위해 우리는 클로데트의 연설회를 몽고메리 곳곳에서 개최하기로 계획을 세웠다. 모든 일이 잘 진행되어 가는가 싶었는데, 클로데트가 임신 상태라는 걸 닉슨 씨가 알아챘다. 클로데트는 미혼이었다. 따라서 소송도 물 건너갔다. 백인 언론들이 클로데트의 임신 사실을 알게 되면 그야말로 그들의 잔칫날이 될 것이 뻔했다. 클로데트를 부도덕한 여자라고 비난할 것이고, 그러면 재판에서도 질 것이 분명했다. 우리는 패배가 분명한 소송을 위해 더 이상 많은 시간과 노력과 비용을 들이지 말고 좀 더 적절한 고소인을 찾을 수 있을 때까지 기다리기로 했다.

그 해 여름, 또 다른 버스 사건이 발생했다. 이번에도 여자가 관련된 사건이었다. 루이스 스미스라는 이름의 열여덟 살 소녀였다. 하지만 결국 그녀는 벌금을 냈고, 더 이상 문제가 커지는 걸 원치 않았다. 그런 상황에서는 상급 법원에 항소할 수가 없었다.

우리에게 도덕적으로 흠 잡힐 데 없는 고소인이 필요하다는 것을 나는 잘 알고 있었다. 그런 이야기를 나누던 자리에 나도 있었기 때문이다. 하지만 그것 때문에 내가 1955년 12월 1일 목요일에 일부러 백인 남자에게 자리를 내어주지 않은 것은 아니다. 그날 나는 의도적으로 체포되려고 한 것이 아니었다. 내가 좀 더 주의를 기울였다면, 아마도 나는 그 버스에 탑승조차 하지 않았을 것이다.

그날 그 시간, 나는 유난히 분주했다. 12월 3일과 4일에 걸쳐 개최될 NAACP 워크숍을 준비해야 했고, 워크숍 개최 장소로 내정된 앨라배마 주립대학의 빌딩 사용 허가를 받기 위해 카운슬 트렌홈 씨와 만나야 했다. 트렌홈 씨는 결국 허가를 해주긴 했지만, 그렇게 되기까지 이루 말할 수 없이 힘들고 복잡한 과정을 거쳐야 했다. 뿐만 아니라, 그 다음 주에 있을 NAACP 노인회 간부 선거를 위한 우편물 발송 작업도 끝내야 했다.

12월 1일 저녁, 나는 일을 끝내고 평소와 마찬가지로 코트스퀘어로 걸어갔다. 클리블랜드 애비뉴 버스를 타고 집에 가기 위해서였다. 버스에 오르면서 나는 운전기사를 보지 않았다. 잠시 후 그가 누구인지 알아보았을 땐 이미 요금을 낸 뒤였다. 12년 전인 1943년에 나를 버스에서 강제로 하차시킨 바로 그 운전기사였다. 그는 여전히 키가 크고 뚱뚱했으며, 불그스름하고 피부가 거

버스 뒤편의 "흑인" 구역. (NAACP 홍보실 제공)

친 얼굴 모습도 거의 그대로였다. 야비한 얼굴 표정도 전과 다름없었다. 나는 그가 내가 이용하는 버스 노선에서 일하고 있다는 것도 알지 못했다. 아마도 담당 노선이 바뀐 모양이었다. 이따금 그가 운전하는 버스가 보일 때마다 나는 절대로 타지 않았었다.

나는 버스 중앙에 빈 좌석이 하나 있는 걸 보았다. 뒤편에 서서 가는 사람이 많았는데도 그 좌석은 비어 있었다. 창가 쪽으로 한 남자가 앉아 있었고, 복도 쪽으로는 두 여자가 앉아 있었다.

다음 정류장인 엠파이어 시어터에서 백인 몇 사람이 탔다. 백인 좌석이 모두 채워졌고, 하나가 부족했다. 잠시 후 운전기사가 뒤를 돌아보더니 백인 하나가 서 있는 걸 알게 됐다. 그가 우리 쪽을 보며 말했다.

"앞좌석들 좀 비워주쇼."

여기서 앞좌석이란 흑인 구역의 앞좌석을 의미했다. 아무도 움직이지 않았다. 우리는 그냥 우리가 앉은 자리에 그대로 있었다. 운전기사가 다시 말했다.

"괜한 말썽 일으키지 말고 좋은 말 할 때 움직이시지. 앞좌석들 비우쇼."

내 옆 창가 쪽에 앉아있던 남자가 일어섰다. 나는 그가 내 앞을 지나가도록 다리를 비켜주었다. 옆을 바라보니 두 여자 또한 일어서고 있었다. 나는 창쪽 자리로 옮겨 앉았다. 가만히 앉아 있는 것이 왜 '괜한 말썽'인지 이해할 수 없었다. 우리가 고분고분할수록 그들은 더욱더 함부로 우리를 다뤘다.

어릴 때 잠 못 이루던 밤들이 생각났다. 할아버지가 벽난로 옆에 총을 놓아둔 채 밤을 새우던 그 나날들, 마차 한 쪽에 총을 세워놓고 다녀야만 마음을 놓을 수 있었던 그 시절을 생각했다. 내가 그날 자리에서 일어나지 않았던 이유가 너무 피곤해서였다고 알려져 있지만 그것은 사실이 아니다. 몸이 지친 것이 아니었다. 지치긴 했지만 여느 날 이상으로 지친 건 아니었다. 그리 많은 나이도 아니었다. 사람들은 그 당시의 나를 꽤 늙은 여자로 상상하는 경우가 많은데, 단지 마흔두 살일 뿐이었다. 그렇다. 나는 지쳐 있었다. 몸이 아니라 마음이, 내 인내심이 지쳐 있었다. 백인에게 끝없이 양보하고 굴복하는 것에 철저히 신물 나 있었다.

운전기사는 내가 아직도 좌석에 앉아 있는 것을 보더니 일어설 것인지 아닌지를 물었다. 내가 대답했다.

"일어서지 않을 겁니다."

그가 말했다.

"당장 경찰을 부를 테요."

내가 답했다.

"마음대로 하세요."

이것이 그와 내가 주고받은 대화의 전부였다. 당시에는 그의 이름조차 알지 못했다. 나중에 법정에 함께 출두하고 나서야 그의 이름이 제임스 블레이크(James Blake)라는 걸 알았다. 그는 버스에서 내리더니 밖에서 몇 분 정도 서 있었다. 경찰이 오기를 기다린 것이다.

자리에 앉아 있으면서 나는 앞으로 벌어질 일에 대해 생각하지 않으려 애썼다. 아주 심각한 일이 발생할 지도 몰랐다. 나를 두들겨 팰 수도, 체포할 수도 있을 것이었다. 최근까지도 사람들은 내게 종종 묻는다. 만일 내가 체포되면 NAACP가 그토록 학수고대하던 좋은 투쟁거리가 될 것이라는 것을 그 순간 생각했었냐고. 난 그 생각은 전혀 하지 못했다. 그 이후에 벌어질 상황에 대해 너무 깊이 생각했다면, 아마도 그냥 버스에서 내려버렸을 것이다. 하지만 나는 그대로 앉아 있었다.

그러고 있는 동안 몇몇 사람들은 다른 차로 환승하려고 버스에서 내렸다. 버스 안, 특히 흑인 구역이 조금 한산해졌다. 승객들이 다 내리지는 않았다. 하지만 버스 안은 아주 조용했다. 남은 승객들은 말을 하더라도 아주 낮은 목소리로 말했다. 어느 누구도 큰 소리를 내지 않았다. 모두가 내려서 버스가 텅 비었다면 아주 재미있는 광경이었을 것이다. 좀 전에 그 세 사람이 자리에서 일어나지 않고 그대로 앉아 있었더라면, 그리하여 우리 네 명 모두 체포되었더라면 나머지 승객들로부터 약간의 지지라도 받았을지 모른다. 하지만 그것은 내게 중요하지 않았다. 나는 그들에 대해 어떤 유감도 없었다. 그들을 비난할 생각은 추호도 없었다.

잠시 후 두 명의 경찰관이 도착했다. 그들은 버스에 올랐고, 그중 한 명이 내게 일어나라고 했다. 내가 물었다.

"왜 이렇게까지 우리를 밀어내는 겁니까?"

그가 정확히 이렇게 말했다.

"낸들 알겠습니까. 법이 그렇다니까 어쩔 수 없는 거죠. 당신을 체포합니다."

경찰관 한 명은 내 가방을, 다른 한 명은 내 쇼핑백을 들고 나를 경찰차로 데려갔다. 경찰차에 태운 뒤 내게 소지품을 돌려주었다. 그들은 내 몸에 손 한 번 대지 않았고, 완력으로 나를 차 안으로 밀어 넣지도 않았다. 내가 차 안으로 들어가 앉자, 경찰관들은 운전기사에게 가더니 체포영장 발부를 위한 진술을 하겠느냐고 물었다. 그는 일단 버스 운행을 끝마치고 나서 진술서를 작성하겠다고 말했다. 영장이 발부되기 전까지 나는 체포상태가 아니라 단지 경찰의 보호 하에 있게 되는 것이었다.

나를 코트 스트리트 근처의 시청 사무실로 데려가면서 경찰관 한 명이 다시 물었다.

"운전기사가 말할 때 왜 그냥 일어나지 그랬어요?"

나는 시청에 도착할 때까지 아무 말도 하지 않았다.

건물 안으로 들어가면서 나는 물 한 모금 마실 수 있냐고 물었다. 목이 바짝바짝 타들어갔다. 마침 급수대가 옆에 있었다. 경찰관 한 명이 그러라고 했다. 내가 물을 마시기 위해 몸을 굽힌 순간 다른 경찰관이 말했다.

"그럴 순 없네. 유치장에 들어갈 때까지는 물도 마시게 할 수 없어."

그렇게 해서 내게는 물 한 모금조차 허락되지 않았다. 화가 치밀었지만 아무 말도 하지 않았다.

시청 사무실 책상에서 그들은 이것저것 서류를 작성했다. 내 이름과 주소를 물었다. 전화 한 통 걸 수 있냐고 물었더니 그것도 안 된다고 했다. 체포당한 경험이 없었기 때문에 그것이 흑인에 대한 차별인지, 혹은 통상적인 규정인지 알 수 없었다. 하지만 내게는 흑인에 대한 차별로 느껴졌다. 그리고 나서 그들은 나를 다시 경찰차로 데려갔고, 우리는 노스리플리 스트리트로 향했다.

구치소 건물로 들어갔다. 나는 그다지 겁먹지 않았다. 그저 체념한 상태일 뿐이었다. 따지고 물을 만큼 화가 나지도 않았다. 무슨 일이 일어나건 그저 받아들이기로 했다. 전화 한 통 걸 수 있냐고 다시 물었다. 다시 거절당했다.

그들은 내 가방을 접수대 위에 올려놓고 호주머니에 있는 소지품들을 모두 꺼내라고 했다. 내 호주머니에 있던 것이라곤 휴지 한 장이 고작이었다. 그것을 꺼냈다. 그들은 나를 몸수색하거나 수갑을 채우지 않았다.

그 뒤 그들은 내 지문을 채취했고 신발을 벗겨 가져갔다. 백인 여간수가 나를 감방들이 있는 건물로 데려갔다. 전화를 걸 수 있냐고 다시 한 번 물었다. 여간수는 나중에 알아보겠다고 말했다.

층계를 걸어올라 그녀가 나를 2층으로 데려갔다. 촘촘한 쇠창살로 만들어진 문을 지나 어슴푸레한 조명의 복도를 지났다. 그녀는 나를 컴컴한 빈 감방에 들여보낸 뒤 쾅 하고 문을 닫았다. 몇 걸음 가다말고 그녀가 내게 다시 돌아오더니 말했다.

"방 건너편에 두 여자들이 들어가 있는 방이 있어요. 혼자 있는 것보다 그 여자들과 함께 있는 게 좋다면 그렇게 해줄 수 있어요."

나는 어떻게 하든 상관없다고 했다. 그녀가 말했다.

"그 방으로 갑시다. 혼자 있는 것보다는 그게 나을 거예요."

그 간수는 내게 친절을 베풀려는 것이었다. 그렇다고 내 기분이 나아질 리는 없었다.

여자들이 있다는 방으로 가면서 내가 또다시 물었다.

"전화 좀 써도 될까요?" 그녀는 그래도 되는지 알아보겠다고 했다.

간수가 나를 데려간 방에는 두 흑인 여자들이 있었다. 그중 한 명은 내게 말을 걸었고, 다른 한 명은 아무 말도 하지 않았다. 그녀는 아예 내가 그곳에 없는 것처럼 행동했다. 첫 번째 여자가 내게 무슨 일로 이곳에 오게 되었냐고 물었다. 버스에서 체포되었다고 대답했다.

그녀가 말했다.

"아주 파렴치하고 못돼먹은 운전기사들이 종종 있긴 해요. 결혼하셨어요?"

그렇다고 하자 그녀가 다시 말했다.

"당신 남편이 곧 꺼내주겠죠."

그녀는 자기가 도와줄 만한 일이 있으면 말하라고 했다.

"컵이 있으면 빌려주시겠어요? 물을 마시고 싶어서요."

그녀가 변기 위에 걸려있던 쇠로 된 시커먼 컵을 꺼내 수도꼭지에서 물을 받아주었다. 몇 모금 들이켰다. 그녀가 자기의 사연을 말하기 시작했다. 나는 그녀의 이야기에 관심을 갖게 됐고, 그녀를 도울 방법이 없을까 생각하기 시작했다.

그녀는 거의 60일 가까이 구치소 생활을 하고 있다고 했다. 남편과는 사별했다. 어떤 남자와 사귀고 있었는데, 그가 그녀를 심하게 구타했다. 그녀는 손도끼를 들고 남자를 뒤쫓았다. 남자가 경찰을 불렀고, 그녀는 체포되었다.

그녀에겐 두 명의 남자 형제들이 있었지만 그들과 연락할 방법이 없었다. 그녀가 구치소에서 어느 정도 시간을 보낸 후인 어느 날, 마음이 다소 누그러진 그녀의 남자친구는 그녀가 풀려나길 원했다. 단, 그녀가 출옥 후 계속 그와 사귄다는 조건 하에서만 그러했다. 그 남자를 두 번 다시 보고 싶지 않았던 그녀는 감옥에 남기로 결심했다. 자신이 감옥에서 나오도록 도움을 줄만한 그 어느 누구와도 연락이 두절된 상태임에도 불구하고 차라리 그 편을 선택했다.

그녀는 연필 한 자루를 가지고 있었지만 종이는 없었다. 나도 마찬가지였다. 가방을 빼앗겼기 때문이다. 그녀가 얘기를 마칠 때쯤 백인 여자 간수가 돌아와서 나를 감방 밖으로 불러냈다.

나를 어디로 데려가는지 알 수 없었다. 전화박스 앞에 도착했다. 그녀는 내게 종이를 건네면서 나와 통화할 사람의 이름과 전화번호를 적으라고 한 후, 직접 동전을 넣고 다이얼을 돌렸다. 그리고 내가 통화하는 내내 내 옆에 가까이 서서 통화내용을 들었다.

나는 집에 전화했다. 남편과 내 어머니 두 사람 모두 집에 있었다. 어머니가 전화를 받았다. 내가 말했다.

"저는 지금 구치소에 있어요. 파크스가 이리로 와서 저를 빼내주었으면 해요."

어머니가 걱정 가득한 목소리로 물었다.

"그들이 너를 때리던?"

내가 대답했다.

"아니에요. 맞지는 않았어요. 하지만 저를 구치소에 수감해 버렸어요."

남편이 전화기를 건네받았다. 내가 말했다.

"파크스, 나를 여기서 빼내줄 거죠?"

"몇 분 안에 그곳에 가리다."라고 그가 말했다. 그에겐 차가 없었다. 몇 분 안에 내게 도착하지 못하리라는 것을 나는 잘 알았다. 하지만 우리가 전화통화를 하는 동안, 남편의 친구 하나가 차를 가지고 그를 방문했다. 그 친구는 이미 내가 구치소에 수

감됐다는 얘기를 듣고 도와줄 일은 없나 알아보기 위해 우리 집으로 달려온 것이다. 그가 남편을 구치소로 데려다주기로 했다.

간수가 나를 다시 감방으로 데려갔다.

남편 친구의 말처럼, 내가 체포되었다는 소식은 벌써 쫙 퍼져 있었다. 닉슨 씨는 그 소식을 자기 부인한테서 들었고, 그 부인은 이웃인 버사 버틀러에게서 들었다. 버사 버틀러는 내가 경찰관들에게 이끌려 버스에서 내리는 것을 직접 목격했다고 했다. 닉슨 씨는 구치소에 전화를 걸어 무슨 혐의로 내가 체포되었는지 물었지만, 아무 대답도 듣지 못했다. 즉시 몽고메리에서 일하는 두 명의 흑인 변호사 중 하나인 프레드 그레이에게 전화했지만, 때마침 그는 집에 없었다. 할 수 없이 닉슨 씨는 클리포드 더 씨에게 전화했다. 백인인 더 변호사는 버지니아 더 부인의 남편이었다. 더 변호사는 구치소에 전화를 걸어 내가 흑백 분리법 위반으로 체포되었다는 것을 알아냈다. 보석금이 얼마인지도 알아냈다.

그동안 파크스는 알고 지내던 한 백인에게 전화를 걸었다. 보석금을 융통해줄 만한 사람이었다. 파크스와 그의 친구는 그 백인 남자의 집으로 가서 그를 차에 태우고 구치소로 향했다. 보석금이 얼마였는지 지금은 기억나지 않는다.

내가 감방으로 돌아오자 감방동료인 그 여자가 꾸깃꾸깃한 종이를 용케도 찾아내어 형제들의 이름과 전화번호를 적어놓았다. 그들은 아침 여섯 시에 출근하기 때문에 아주 일찍 전화해야 한다고 했다. 나는 그러마고 했다.

바로 그 순간, 간수가 오더니 나를 황급히 끌고 나갔다. 내가 석방되었다는 것이다. 아직 그 종잇조각을 손에 넣기 전이었다. 여자가 내 뒤를 좇아 감방에서 나왔다. 하지만 계단 앞에 설치된 쇠창살문을 지나서까지 따라올 수는 없었다. 순간, 그녀가 종잇조각을 쇠창살 너머로 던졌다. 다행이 그것은 바로 내 발 앞에 떨어졌다. 그것을 주워 호주머니에 넣었다.

쇠창살문을 나오자마자 제일 먼저 더 부인이 보였다. 그녀의 눈에는 눈물이 그렁그렁했고, 얼굴엔 걱정이 가득했다. 내가 구치소에서 험한 일을 당한 것은 아닌지 걱정이 이만저만이 아니었을 게다. 간수가 나를 풀어주자마자 더 부인은 나를 와락 껴안으며, 마치 친자매라도 되듯 내 뺨에 키스를 퍼부었다.

닉슨 씨와 더 변호사도 거기에 있었다. 너무나 반가웠다. 접수대로 가서 내 소지품들을 챙겼고, 재판 날짜도 받았다. 닉슨 씨가 재판 날짜를 다가오는 월요일, 즉 1955년 12월 5일로 잡아달라고 요청했다. 그 전까지는 노동조합 일로 몽고메리를 떠나있어야 했기 때문이다. 건물을 나서는 동안 우리는 거의 아무 말도 하지 않았다. 하지만 그것은 실로 감정이 북받치는 순간이었다. 체포되어 감방에 넣어졌다는 사실이 내게 얼마나 큰 충격이었는지를 구치소에서 나오는 순간에야 나는 깨달았다.

구치소 밖 계단을 내려가자 파크스와 그의 친구들이 차를 대기하고 있었다. 나는 그 차에 올랐고, 닉슨 씨도 자신의 차로 우리 집으로 향했다.

집에 도착하니 밤 10시가 거의 다 되었다. 어머니가 기뻐 어찌할 줄 모르며 필요한 게 있냐고 물었다. 나는 배가 고프다고 했다.(사실 그날 나는 점심도 건너뛰었었다) 어머니가 곧 음식을 준비했다. 더 부인과 내 친구 버사 버틀러가 어머니를 도왔다. 나는 다음날 직장에 출근해야 했지만, 그날 밤 일찍 잠자리에 들기는 어렵다는 걸 잘 알았다.

모두가 내가 당한 일에 대해 분노했고, 어떻게 해야 이런 일이 재발되지 않을 지에 대해 이야기했다. 나는 앞으로 다시는 흑백 분리 버스를 타지 않기로 결심했다. 설사 일터까지 걸어서 가야 할지라도 두 번 다시 그런 버스를 타지 않을 작정이었다. 하지만 그때까지만 해도 이번의 내 사건이 흑백 분리 버스탑승 제도에 대한 테스트 케이스(test case, 試訴, 판례가 되는 소송사건, 또는 어떤 법률의 합헌성을 묻는 소송 - 옮긴이)가 되리라고는 상상조차 하지 못했다.

이야기를 나누던 중, 닉슨 씨가 내 사건을 테스트 케이스로 만들면 어떻겠냐고 내게 물었다. 나는 어머니와 남편과 상의해보겠다고 말했다. 파크스는 처음에는 펄쩍 뛰며 반대했다. 클로데트 콜빈 사건 당시 다중의 지지를 얻는 것이 얼마나 힘든 일이었는지 처절하게 경험했기 때문이었다. 우리는 한참을 논의했고 또 논쟁했다. 마침내 어머니도 파크스도 닉슨 씨의 제안에 동의했다. 그들도 흑백 분리 버스제도에 반대했고, 그것과 싸울 결심을 굳혔다. 고소인이 없는 한 판결도 없다는 사실을 나는 잘 알고 있었다. 나는 내가 바로 그 고소인이 되기로 결심했다.

9

"백인들, 이번엔 딱 걸렸어요!"

내가 테스트 케이스의 고소인이 되겠다고 하자 닉슨 씨는 뛸 듯이 기뻐했다. 그가 뭐라고 말했는지 정확하게 기억나지는 않는다. 하지만 닉슨 씨의 회고에 따르면, 그는 "오, 주님! 분리주의가 내게 보내준 이 선물을 보십시오!"라고 소리쳤다고 한다. 내가 '완벽한 고소인'이라는 의미로 한 말이었다. 후에 닉슨 씨는 기자들에게 이렇게 말했다.

"로자 파크스는 이 사건이 있기 전 12년 동안 나와 함께 일한 사람입니다. 그녀는 침대차 잡역부 노동조합, NAACP, 앨라배마 유권자 동맹 등, 내가 했던 모든 활동에서 간사 역할을 해주었습니다. 그녀는 당당하고 자주적인 사람입니다. 정직하고 청렴하며, 고결한 사람입니다. 언론이 그녀의 뒤를 캐고 흠집을 찾으려 애썼지만 아무것도 찾아내지 못했습니다. 그녀가 혹시 지난해에, 혹은 지난달에, 혹은 5년 전에 모종의 떳떳치 못한 일을 저지르지는 않았을까, 언론은 파헤치고 또 파헤쳤습니다. 하지만 로자 파크스에게서 그런 일은 절대로 찾을 수 없었습니다."

나는 어떤 종류의 전과도 없었고, 일을 놓은 적도 없었다. 사생아를 임신한 적도 없었다. 백인들이 내게 손가락질 할 만한 일을 한 적이 없었다. 흑인으로 태어났다는 사실 외에는, 고소인으로서의 나를 깎아내리고 험담을 퍼뜨릴 꼬투리가 전혀 없었다.

한편, 흑인 변호사인 프레드 그레이가 조 앤 로빈슨에게 전화를 걸어 나의 체포사건에 대해 말해주었다. 그녀는 급히 여성정치위원회 회원들과 접촉했다. 그들은 내가 재판을 받는 12월 5일 월요일에 버스 보이콧을 하기로 의견을 모았다. 내가 체포된 당일인 목요일 자정에 그들은 앨라배마 주립대학에서 만나 등사판으로 3만5천 장의 전단지를 인쇄했다. 다음날 아침 조 앤 로빈슨과 그녀의 학생들이 그녀의 자동차에 전단을 싣고 그 지역의 모든 흑인 초등학교와 중고등학교를 돌았다. 학생들에게 유인물을 나누어주며 집에 가져가서 부모님들에게 전해달라고 부탁했다.

전단의 내용은 다음과 같았다.

1955년 12월 5일 월요일을 위하여

또 한 명의 흑인 여성이 경찰에 체포되어 구치소에 수감되었습니다. 버스에서 백인에게 자리를 내어주지 않았다는 이유에서입니다.

클로데트 콜빈 사건 때와 동일한 이유로 또다시 흑인 여성이 체포되었습니다. 이런 일은 이제 중지되어야 합니다.

흑인들에게도 권리가 있습니다. 흑인들이 버스를 타지 않으면 버스 회사도 살아남을 수 없을 것입니다. 버스 승객의 4분의 3이 흑인입니다. 그런데도 우리는 체포됩니다. 빈 좌석이 있어도 앉을 수 없습니다. 이런 체포가 계속되도록 내버려둔다면 아무것도 달라지지 않을 것입니다. 다음번엔 바로 여러분 자신이 체포될 지도 모릅니다. 여러분의 딸이, 혹은 여러분의 어머니가 체포될 지도 모릅니다.

목요일에 체포된 이 여성은 오는 월요일에 재판을 받게 됩니다. 이에 우리는 모든 흑인 여러분들께 호소합니다. 그녀를 체포하고 재판에까지 회부한 것에 대한 항의의 표시로 월요일 하루 버스를 타지 맙시다. 직장에 갈 때도, 시내에 갈 때도, 학교에 갈 때도, 월요일 하루만은 절대로 버스를 타지 맙시다.

학생들은 하루 정도는 학교에 가지 않아도 될 것입니다. 직장에 갈 때는 택시를 이용하거나 걸어서 갑시다. 여러분께 간곡히 청합니다. 어른들도 아이들도, 오는 월요일엔 버스를 타지 마십시오. 제발, 어떤 버스도 그날 하루만은 이용하지 말아주십시오.

금요일 이른 아침, 닉슨 씨가 제일 침례교회의 랠프 데이비드 애버내시(Ralph David Abernathy) 목사에게 전화를 걸었다. 닉슨 씨는 지역민의 광범위한 지지를 얻기 위해서는 흑인 목사들의 협력이 반드시 필요하다고 생각했다. 그는 애버내시 목사 외에도 열여덟 명의 목사와 통화를 했고 그날 밤 함께 모여 회의를 하기로 결정했다. 닉슨 씨 자신은 회의에 참석할 수가 없었다. 몽고메리-애틀랜타-뉴욕을 잇는 노선 열차를 타고 근무해야 했기 때문이다. 그는 목사들에게 그들의 역할에 대해 미리 충분히 말해두었다.

이어서 닉슨 씨는 〈몽고메리 애드버타이저(Montgomery Advertiser)〉 신문사의 백인 기자인 조 애즈벨에게 전화를 걸어 유니온 역에서 만나기로 약속을 잡았다. 전단 한 장을 직접 건네주기 위해서였다. 닉슨 씨는 그 사건이 신문 1면에 실리기를 바랐다. 조 애즈벨 기자는 최선을 다해보겠다고 답했다. 한편, 나의 체포에 대한 기사가 그날 어느 작은 지역신문에 실렸다.

그날 아침, 눈을 뜨자마자 나는 감방에서 만난 여자가 던져준 꼬깃꼬깃한 종잇조각을 꺼냈다. 거기에 적힌 번호로 전화를 했다. 두 형제 중 하나와 통화가 됐다. 내가 전화한 이유를 말하자 그는 "알겠습니다."라는 말 한 마디만 던질 뿐 다른 어떤 반응도 없었다. 나는 그의 누이가 그가 구치소로 면회 오기를 바란다고 말했다. 그게 우리가 나눈 대화의 전부였다.

그로부터 이틀 후, 나는 길에서 그녀를 마주쳤다. 회의에 참석하기 위해 돌시 스트리트 위쪽으로 걸어가는 중이었다. 버스 보이콧이 시작된 후 수도 없이 많은 회의가 열렸다. 사람들은 계속해서 모임을 가졌고, 함께 할 누군가가 떠오르면 즉시 동참하도록 설득했다. 나는 처음에 그녀를 알아보지 못했다. 그녀는 옷을 아주 잘 차려입었고 표정이 무척 밝아보였다. 말쑥한 옷차림에, 머리카락도 단정히 묶여 있었다. 내가 걸어가는데 그녀가 나를 불러 세웠다.

"아, 안녕하세요?" 그리곤 물었다.

"저를 모르시겠어요?"

나는 모르겠다고 대답했다. 그녀가 말했다.

"댁과 같이 감방에 있었던 그 사람이에요."

"아, 그렇군요. 풀려나셨군요. 잘됐어요."

나는 그녀의 이름이나 주소를 물어볼 생각도 못했다. 회의 시간에 늦지 않기 위해 걸음을 재촉해야 했다. 그 때가 그녀를 본 마지막이었다. 그녀의 신수가 좋아 보여 다행이었다.

12월 2일 금요일 아침, 나는 택시회사를 운영하는 펠릭스 토마스 씨에게 전화를 걸어 그의 택시를 타고 출근했다. 다시는 버스를 타지 않으리라 단단히 결심한 터였다. 몽고메리 페어 백화점의 남성복 코너를 담당하던 존 볼 씨는 나를 보더니 깜짝 놀랐다.

"자네가 출근할 줄은 몰랐네. 신경쇠약이라도 걸려 누워있을 줄 알았지."

"제가 감방에 갔다 왔다고 신경쇠약에 걸릴 사람이겠어요?"

점심시간이 되기가 무섭게 나는 프레드 그레이 변호사의 사무실로 갔다.

프레드가 몽고메리 시내에 사무실을 처음 열 때부터 나는 종종 그의 사무실에 가서 점심을 함께 먹었다. 나는 가는 길에 가게에서 먹을 것을 사갔고, 그는 주로 도시락을 싸왔다. 그가 볼 일이 있어서 자리를 비워야 할 때는 혼자 밥을 먹으며 사무실에 걸려오는 전화도 받고, 이것저것 자질구레한 일도 처리해주었다. 그러다보면 일터로 돌아가야 할 시간이 되곤 했다. 프레드는 비서를 두지 않았기 때문에 내가 틈이 날 때면 그 일을 한 것이다. 내가 체포된 다음날, 프레드 그레이의 사무실은 마치 벌집을 쑤셔놓은 듯했다. 전화통은 불이 났고, 사람들도 계속 사무실에 찾아와 버스 보이콧에 대해서, 또 그날 밤 목사들이 갖기로 한 회의에 대해서 묻고 갔다.

백화점 일이 끝난 후 나는 덱스터 애비뉴에 위치한 침례교회에서 열린 회의에 참석했다. 나는 체포되기까지의 과정에 대해 그들에게 자세히 들려주었다. 앞으로 무엇을 어떻게 할 것인가에 대한 긴 토론이 이어졌다. 몇몇 목사들은 보이콧을 지원할 방법에 대해 논의하길 원했고, 다른 목사들은 꼭 보이콧을 해야 하는지에 대해 논의하길 원했다. 결론이 나기도 전에 자리를 뜬 목사들도 여럿 있었다. 하지만 자리에 남은 목사들은 일요일 예배 때 신도들에게 보이콧 참여를 독려하기로 합의했다. 그리고 월요일 밤에 다시 모여 보이콧을 계속 추진할 지에 대해 의논하기로 했다. 그 회의에 참석한 목사들 중 몇몇은 자체 전단지를 만들기 위한 별도의 팀을 구성했다. 그 내용은 조 앤 로빈슨과 여성정치위원회 회원들이 작성한 전단지 내용을 압축한 것으로 다음과 같았다.

12월 5일 월요일엔 버스를 타지 마십시오. 직장에 갈 때도, 시내에 갈 때도, 학교에 갈 때도, 그날은 버스를 타지 마십시오.

또 한 명의 흑인 여성이 백인에게 좌석을 양보하지 않는다는 이유로 체포되어 구치소에 수감되었습니다.

직장에 갈 때도, 시내에 갈 때도, 학교에 갈 때도, 오는 월요일엔 버스를 타지 마십시오. 출근을 해야 한다면 택시를 이용하거나, 자동차를 나누어 타거나, 혹은 걸어서 가십시오.

이후의 상황에 대해 알고자 하시는 분은 월요일 저녁 7시 홀트 스트리트 침례교회에서 열릴 공개 회의에 참석하시기 바랍니다.

일요일 아침 〈몽고메리 애드버타이저〉는 조 앤 로빈슨이 작성한 전단의 내용을 제1면에 게재했다. 덕분에, 전단지를 받지 못했거나 교회에 나가지 않는 사람들 상당수가 월요일의 버스 보이콧 계획에 대해 알게 되었다. 하지만 보이콧의 성공에 대해 확신할 수 있는 사람은 아무도 없었다. 전단을 읽거나 교회 목사의 설교를 들었다고 해서 모두가 보이콧에 참여할 리는 없었다. 몽고메리 시에서 사업을 하고 있는 열여덟 개 흑인 소유 택시 회사 모두가 월요일 하루 모든 버스 정류장마다 정차하여 승객을 태우기로 결의했다. 택시 요금도 일률적으로 10센트만 받기로 했다. 버스 요금이 10센트였기 때문이다. 그러나 모든 버스 이용자들을 택시로 운송하는 것은 불가능한 일이었다. 더구나 월요일엔 비까지 내린다고 했다.

월요일 아침, 하늘은 어두컴컴했다. 하지만 그것은 전혀 문제되지 않았다. 대부분의 흑인들은 흑백 분리 버스탑승 제도를 더 이상 묵과하지 않기로 결심했다. 그들은 버스를 타지 않았다. 버스 정류장에서 흑인 택시회사의 택시를 기다리거나, 카풀을 하거나, 무작정 걸었다. 버스를 탄 흑인들이 전혀 없었던 건 아니지만, 그들은 버스 보이콧에 대해 몰랐던 사람들이 대부분이었다. 어떤 사람들은 버스를 타려했지만 무서워서 그만 두기도 했다. 시 경찰이 버스 이용객을 보호하겠다며 버스마다 두 명의 모터사이클 경찰관을 배치하여 버스 양 옆에서 호위하도록 했는데,

흑인들의 버스 보이콧으로 손님을 잃어 텅 빈 버스. (사진: 댄 와이너. 산드라 와이너 제공)

버스를 타려던 흑인들이 그것을 보고 자신들을 체포하려는 줄로 알고 아예 버스 탑승을 포기했던 것이다. 물론, 불편한 게 싫어서 버스를 탄 흑인들도 더러 있었다. 그들은 버스 정류장에 택시를 기다리는 흑인들이 가득 운집해있는 것을 볼 때마다 버스 안에 있는 자신이 보이지 않도록 몸을 최대한 낮게 숙였다.

그날 아침까지만 해도 나는 우리의 버스 보이콧이 어떻게 진행될지에 대해 전혀 짐작하지 못했다. 하지만 사람들의 높은 참여도를 보며 모두가 놀라움을 금치 못했다. 닉슨 씨가 표현했듯이, "우리가 우리 스스로를 깜짝 놀라게 했다." 몽고메리 버스 사업이 그동안 얼마나 흑인들에게 의존해왔는지를 이렇게 여실히 보여준 적이 없었다. 더욱 중요한 것은, 몽고메리 흑인 사회가 흑백 분리 버스탑승 제도에 대해 이토록 힘을 합해 저항한 적이 없었다는 사실이다.

그날 나는 페어 백화점의 일터로 출근하지 않았다. 대신, 재판을 받기 위해 법원으로 갔다. 파크스가 나와 함께 갔다. 재판정에 서기 위해 무엇을 입어야 할지 크게 신경 쓰지는 않았지만, 그날 어떤 옷을 입었는지는 지금도 기억이 생생하다. 목과 소매에 흰 테가 둘러진, 긴 소매의 검은색 일자 원피스를 입고, 진주 장식이 달린 검은색 벨벳 모자를 썼으며, 짙은 회색 코트를 입었다. 검은색 핸드백을 들고 흰 장갑도 꼈다. 크게 긴장하지는 않았다. 그날 내가 해야 할 일을 잘 알고 있었다.

법원 앞에는 이미 많은 사람들이 모여 있었다. 안으로 들어가지 못한 사람들도 꽤 있었다. 하마터면 파크스도 못 들어갈 뻔했다. 내 남편이라고 말한 후에야 입장이 허락되었다. 운집한 사람들로 길이 거의 뒤덮였다. 그중에 NAACP 청년회 회원들도 보였다. 그들은 나를 지지하는 구호를 연신 외쳤다.

사람들 속에 메리 프란세스라는 이름의, 톤이 아주 높은 목소리를 가진 아가씨가 있었는데, 그녀가 나를 가리키며 말했다.

"아, 로자는 정말 사랑스런 사람이에요. 백인들, 이번엔 딱 걸렸어요." (They've messed with the wrong one now)

메리는 마치 찬가를 부르듯 운율을 섞어 그 말을 했다.

"백인들, 이번엔 딱 걸렸어요!"

재판은 그리 길게 끌지 않았다. 검찰 측 주요 증인은 그 버스 운전기사였다. 나는 그 운전기사의 이름을 그때서야 알았다. 그날 이후 나는 그에 대해 조금씩 더 알아갔다. 그의 이름은 제임스 P. 블레이크(James P. Blake)였고, 앨라배마 주 엘모어 카운티의 세먼이라는 마을에서 태어났다. 세먼은 이퀄리티에서 남쪽으로 불과 몇 마일 떨어진 곳인데, 인종차별이 그토록 심한 지역에서 '이퀄리티'(Equality, '평등'이라는 뜻 – 옮긴이)라는 지명이 있다니 아이러니가 아닐 수 없다. 그는 나이가 나보다 아홉 살 반 더 많았다. 중학교까지 마쳤고, 에드나라는 이름의 부인을 두었으며, 1939년에 몽고메리 시로 이사하여 1942년 몽고메리 시영 버스 운전기사로 취직했다. 이듬해 군에 징집되어 유럽에서 복무하다가 1945년 몽고메리로 돌아와 다시 버스기사로 일했으며, 1972년에 퇴직했다.

한 백인 여자도 검찰 측 증인으로 증언대에 섰다. 그녀는 내가 버스의 흑인 구역에 빈 좌석이 있었는데도 그걸 마다하고 계속 백인 좌석에 앉아 있기를 고집했다고 말했다. 그것은 사실이 아니었다. 나중에 안 일인데, 과거 스카츠보로 소년들 중 하나인 앤디 라이트의 변호인이기도 했던 J.E. 피어스 교수는 그 백인 여자의 증언에 너무나 분개한 나머지 닉슨 씨에게 이렇게 말했다고 한다.

"빌어먹을 거짓말쟁이 백인 여자는 어디에나 있다니깐."

나는 증언대에 서지 않았다. 내 변호인인 찰스 랭포드와 프레드 그레이는 나의 '무죄'를 주장하긴 했지만, 내 혐의에 대해 적극적으로 변호하지는 않았다. 그것이 우리의 전략이었다. 내 사건을 테스트 케이스로 만들기 위해서는 1심에서 유죄 판결을 받은 후 그 판결에 대해 상급 법원에 항소해야 했다. 오직 상급 법원을 통해서만 분리주의 법들이 폐지될 가능성이 있었다. 지방 법원의 판사들은 변화를 거부하고 현상을 유지하는 데에만 급급할 뿐이었기 때문이다. 그리하여 나는 흑백 분리법 위반으로 유죄 판결과 집행유예 선고를 받았다. 벌금 10달러와 재판 비용 4달러도 내야했다. 재판을 지켜본 사람들은 크게 분노했지만, 조직적인 시위는 없었다.

재판이 끝난 후 나는 집으로 가지 않고 시내로 향했다. 앞으로 내가 무엇을 해야 할지 알고 싶었다. 프레드 그레이가 자기 사무실로 와서 전화 좀 받아주면 고맙겠다고 해서 그러겠다고 했다. 사무실에 도착하자마자 전화가 쇄도했다. 재판 결과를 들은 사람들로부터 걸려온 전화였다. 나는 그들에게 내가 그 사건의 당사자라는 말을 하지 않은 채 용건을 듣고 메시지를 기록했다. 프레드가 돌아온 후 닉슨 씨가 나를 집에 데려다주었다. 늦기 전에 집에 가서 저녁에 있을 침례교회 공개모임 준비를 해야 했다.

그날 낮, 스물아홉 살인 애버내시 목사와 몇몇 다른 목사들은 MIA(Montgomery Improvement Association, 몽고메리 개선 협회)라는 이름의 조직을 구성하기로 결의했다. 닉슨 씨와 프레드 그레이도 그 회의에 참석했다. 새로운 조직을 만들고자 했던 이유는 앞으로의 대중 조직 사업을 기존의 NAACP가 아닌 다른 조직이 담당하는 것이 좋겠다고 생각했기 때문이었다. 앨라배마에서 NAACP는 비교적 약한 단체였다. 광범위한 대중 조직도 아니었고, 회원 수도 꽤 적었다. 사람들은 NAACP에 가입하려 하지 않았다. 애버내시 등은 또한 이번 일에서 NAACP를 아예 배제하고 싶어 했다. 그래야 이번 시위가 외부 세력의 선동에 의한 것이라는 백인 권력층의 비난을 피할 수 있으리라는 생각에서였다. 백인 권력층은 늘 그렇게 말해왔다. 흑인들이 조금이라도 집단행동을 보이려 하면 늘 외부세력의 개입 때문이라고 말했다. 그들은 몽고메리 흑인들이 권리를 찾기 위해 자발적으로 들고일어날 만큼 용기 있다고 믿지 않았다.

목사들은 그렇게 그날 낮에 만났다. 그리고 MIA의 의장을 선출하기로 했다. 덱스터 애비뉴 침례교회의 마틴 루터 킹 주니어(Martin Luther King, Jr.) 목사가 의장에 선출됐다.

그 당시 나는 킹 목사를 잘 알지 못했다. 1955년 8월, 그가 NAACP 회의에서 초청강연을 할 때 한 번 본 게 전부였다. 나는 덱스터 애비뉴 침례교회에 거의 나가지 않았다. 그 교회는 남부연합 깃발이 휘날리는, 앨라배마 주 의회 건물 바로 건너편에 있었다. 나중에 알고 보니, 킹 목사의 부인 코레타(Coretta)는 내가 알던 사람이었다. 아주 잘 알지는 못했지만, 그녀가 노래 부르는 콘서트에 간 적이 있었다. 그녀가 목사 부인이라는 건 몰랐었다.

킹 목사는 몽고메리에 온지 얼마 되지 않았는데, 애버내시 목사는 킹 목사를 시민권 운동에 끌어들이고자 줄곧 애를 써왔다. 덱스터 애비뉴 침례교회에 다니던 루퍼스 루이스 씨는 킹 목사를 아주 높이 평가했다. 루이스 씨는 등록 유권자들만 출입할 수 있는 고급 나이트클럽을 운영하던 사람으로서, 킹 목사를 MIA 의장으로 추천한 사람이 바로 그였다.

킹 목사가 의장이 되면 분명 좋은 점이 있었다. 그는 몽고메리나 시민권 운동에 거의 처음 발을 들여놓았기 때문에 친구도, 적도 가지고 있지 않았다. 닉슨 씨도 킹 목사를 의장으로 선출한 것은 아주 좋은 선택이라 생각했다. 〈승리를 향하여: 미국 시민권 운동 12년사(Eyes on the Prize: America's Civil Rights Years 1954-1965)〉의 저자들에게 닉슨 씨는 이렇게 말한 바 있다.

> 킹 목사는 젊은이였습니다. 매우 영리한 젊은이였습니다. 그는 몽고메리에 온지 얼마 되지 않아서, 백인 관료들의 온정주의적 포섭 전략을 아직 경험하지 않은 상태였습니다. 백인 관료들은 새로운 젊은 흑인 목사가 몽고메리에 나타나면 그를 찾아갑니다. 다정히 그의 어깨를 두드리며 교회가 아주 근사하다고 추켜세웁니다. 그리고 이렇게 말합니다. "목사님이 지금 입고 있는 양복은 이 교회의 격에 잘 맞지 않는 군요." 그러고 나서 그에게 양복을 하나 보내줍니다. 그게 함정입니다. 거기에 넘어가지 말아야 합니다. (73쪽)

그토록 많은 남부의 흑인 지도자들이 보수의 길을 걷게 된 이유는 바로 그것이었다. 백인들의 호의를 받아들인 이상 그들이 싫어하는 일을 할 수 없게 된다. 유권자 등록 운동을 벌일 때에도 익힌 체험한 일이다. 내노라하는 흑인 사회 거물들 중에 유권자 등록을 하지 않은 사람들도 종종 있었다. 예컨대, 론디스 카운티에서 학교 교장으로 일하던 R.R. 피어스라는 남자가 그런 사람이다. 그 누구도 끝내 그가 유권자 등록을 하도록 설득해내지 못했다.

그날 밤 홀트 스트리트 침례교회에서 공개회의가 열렸다. 흑인 거주 지역 내에 있던 교회였기 때문에 사람들이 참석을 꺼리지 않을 터였다. 얼마나 많은 사람들이 참석할 지 아무도 예상할 수 없었다. 참석자들이 많을 것에 대비한 별도의 준비도 하지 않았다. 회의가 시작되기도 전에 사람들이 예배당 안을 가득 메웠다. 건물 밖에도 수백 명의 사람들이 진을 쳤다. 급히 교회 밖에 스피커를 설치하여 안에서 진행되는 내용을 그들이 들을 수 있도록 했다. 내가 교회에 도착했을 때, 이미 회의는 시작되었다. 사람들이 너무 많아 예배당 안으로 들어가기까지 꽤 시간이 걸렸다. 연단으로 걸어가자 사람들이 내게 의자를 내주었다.

그날의 주된 안건은 버스 보이콧을 계속할 것인지에 대해서였다. 참석자 중 일부는 하루 동안의 보이콧으로도 충분히 우리의 의사를 보여주었으니 중지하자고 했다. 그 한 주 동안, 즉 나흘 동안만 더 보이콧을 이어가자는 의견도 나왔다. 하지만 그 이상 계속하자는 사람들은 거의 없었다. 그 이상 계속하면 위험하다는 것을 우리 모두 알고 있었다. 백인들이 어떤 식으로 보복할지 모를 일이었다.

닉슨 씨가 마이크를 잡았다. 그는 사람들이 서둘러 보이콧을 끝내고자 할까봐 몹시 우려했다. 그는 흑인들을 결집시켜 투쟁하도록 하는 일이 불가능에 가깝다는 것을 잘 알고 있었다. 그가 말했다.

"두려우십니까. 그렇다면 모자와 외투를 걸치고 지금 당장 집으로 돌아가십시오. 이번 일은 하루 이틀 안에 끝나지 않을 겁니다. 아주 오래, 지난하게 이어질 것입니다. 여러분에게 말씀드리고 싶습니다. 오랫동안, 아주 오랫동안, 저는 말하고 또 말해왔습니다. 제 자식들만큼은 절대로 제가 겪어온 이 숱한 모욕을 겪지 않았으면 좋겠다고 말해왔습니다. 하지만 지금은 제 생각이 조금 바뀌었습니다. 자식들뿐 아니라, 제 스스로도 조금이나마 자유를 누려야겠다고 말입니다."

MIA 의장으로 선출된 킹 목사가 좌중에게 소개되었다. 그는 대단한 웅변가였다. 그의 연설을 들으며 사람들은 흥분했다. 다음은 그날 밤 킹 목사가 한 연설의 일부이다.

때가 왔습니다. 우리가 지칠 대로 지쳐버린 때가 왔습니다. 오늘 우리는 이곳에 모였습니다. 우리를 인간취급 하지 않는 사람들에게 이 말을 하기 위해 모였습니다. 우리는 지쳤습니다. 차별당하는 것에, 모욕당하는 것에 지쳤습니다. 억압이라는 잔혹한 발에 밟히고 또 밟히는 것에 지쳤습니다….

오랜 세월 우리는 놀라운 인내심을 보여 왔습니다. 때때로 우리는 백인들에게 잘못된 인상을 주기도 했습니다. 우리를 함부로 대해도 괜찮다는 듯한 인상을 준 것도 사실입니다. 하지만 오늘밤 우리는 모였습니다. 속박과 불의에 눈감아버리는 그런 잘못된 인내심으로부터 우리 스스로를 구해내기 위해 우리는 이 자리에 왔습니다. 민주주의가 무엇입니까. 권리를 위해 싸울 권리를 보장하는 게 민주주의입니다. 우리가 용기를 내어 싸운다면, 우리의 품위와 기독교적 사랑을 앞세워 싸운다면, 훗날의 역사가들은 이렇게 기록할 것입니다.

"옛날 옛적 한 위대한 민족이 있었다. 흑인이라는 민족이었다. 그들은 문명이라는 혈관에 새로운 의미와 존엄성을 불어넣었다."

바로 이것이 우리의 과제입니다. 바로 이것이 우리의 막중한 책임입니다. (Eyes on the Prize, 76쪽)

킹 목사는 엄청난 환호와 박수갈채와 '아멘'을 받았다. 이어서 내가 소개되었다. 나는 사전에 회의 준비자들에게 내가 오늘 밤 꼭 무슨 말을 해야 하는 거냐고 물었었다. 그들은 이렇게 말했다.

"당신은 충분히 많은 일을 했고, 충분히 많은 말을 했습니다. 오늘 밤엔 아무 말 안 해도 괜찮습니다."

그래서 나는 아무 말도 하지 않았다. 특별히 할 말이 없었다. 그저 다른 연사들의 말을 듣는 게 좋았고, 청중들의 열기에 가슴이 벅차올랐다.

마틴 루터 킹 주니어 목사가 버스 보이콧 참가자들 앞에서 연설을 하고 있다. (사진: 댄 와이너. 산드라 와이너 제공)

잠시 후, 랠프 애버내시 목사가 몽고메리 버스회사와 몽고메리 백인 지도자들에게 보내는 MIA의 요구사항을 낭독했다. 모두 세 가지였다. 첫째, 버스에서 흑인들을 정중하게 대할 것. 둘째, 버스 좌석은 선착순으로 차지하되, 백인은 앞줄부터 흑인은 뒷줄부터 앉을 것. 셋째, 흑인 거주 지역을 경유하는 버스에 흑인 운전기사를 고용할 것.

곧 이어 애버내시 목사는 이 요구들이 관철될 때까지 보이콧을 계속 하자는데 찬성하는 사람들은 자리에서 일어나라고 청중에게 요청했다. 사람들이 일어나기 시작했다. 처음에는 한두 사람씩 일어나더니 점점 더 많은 사람이 한꺼번에 일어났다. 마침내 참석자 전원이 다 일어섰다. 예배당 밖에서 힘찬 함성이 들려왔다. "예스!"

10

자유를 향한 힘찬 발걸음

그 주 목요일인 12월 8일, 킹 목사와 프레드 그레이 변호사를 포함한 몇 사람이 세 명의 시의원들 및 버스회사 대표들과 만났다. 그들은 세 가지 요구사항을 전달했다. 버스회사 대표들은 운전기사들이 흑인 승객들에게 무례하게 군 적이 없고, 흑인 밀집 지역 노선을 위해 흑인 운전기사를 고용하지도 않을 작정이며, 선착순 좌석 배치 역시 몽고메리 시의 흑백 분리법에 위반되는 것으로 받아들일 수 없다고 했다. 프레드 그레이는 선착순 좌석 배치는 위법이 아니며, 같은 앨라배마 주 모빌 시에서 이미 시행되고 있다고 말했다. 하지만 그들의 태도는 바뀌지 않았다.

시의원들 역시 세 요구사항 모두를 거부했다. 단 한 치의 양보도 하지 않았다. 흑인들과의 어떤 타협도 그들에겐 두려움으로 여겨졌다.

버스 보이콧은 그 주를 지나 다음 주까지 이어졌다. 언제까지 계속될지 아무도 가늠하지 못했다. 오래 끌지 못할 거라고 말하는 사람들도 있었지만 그렇게 말하는 사람들은 주로 백인들이었다. 백인들은 보이콧을 중지시키기 위해 수단과 방법을 가리지 않았다.

경찰은 버스 정류장에서 택시를 기다리는 흑인들을 해산시켰다. 시내까지 운행하면서 규정 요금인 45센트가 아닌 10센트를 받는 택시기사들은 체포하겠다는 으름장도 놓았다. 일반 백인들도 보이콧을 비난하기 시작했다.

보이콧에 참여한 많은 사람들이 직장을 잃었다. 파크스와 나도 마찬가지였다. 파크스는 해고된 것이 아니라 자발적으로 사직했다. 맥스웰 필드 공군기지 구내 이발소의 백인 소유자인 암스트롱 씨가 지침을 내렸다. '이발소 내에서 버스 보이콧에 대해 언급하거나 로자 파크스의 이름이 거론되는 일이 절대로 없도록 할 것'이라는 내용이었다. 파크스는 자기 부인의 이름이 언급되면 안 되는 곳에서는 계속 일할 수 없다고 말했다.

나는 1956년 1월에 몽고메리 페어 백화점에서 해고됐다. 인사담당자는 버스 보이콧 때문에 나를 해고한다고 말하지는 않았다. 내가 증명할 수 없는 것에 대해 억측하고 싶지는 않다. 페어 백화점 내 양복점에서 재단을 담당하던 젊은 남자가 시내에 자기 소유의 양복점을 따로 개점했다. 하지만 그는 크리스마스가 끝날 때까지 백화점 근무를 계속했다. 연말 보너스를 챙기기 위해서였다. 1월 첫째 주가 되자 그는 백화점을 그만두고 자기 가게에서 풀타임으로 일하기 시작했다. 백화점 인사담당자는 재단사 없이 양복점을 계속 운영할 수 없기 때문에 나도 내보낼 수밖에 없다고 했다. 나는 바느질을 잘 했고 가게 운영도 할 수 있었지만, 남성복 재단 일은 해본 적이 없었다. 조수 일을 하던 남자 역시 재단이나 가봉 일엔 무지했다. 백화점은 양복점 코너를 없앴다. 나는 두 주 치의 임금과 보너스를 받고 집으로 돌아갔다.

직장을 잃은 것은 어쩌면 내게는 축복이었다. 버스 없이 출퇴근할 일을 걱정하지 않아도 됐기 때문이다. 그 후 나는 알음알음 바느질일을 받아 집에서 일했다. 나의 체포나 버스 보이콧 사건과 관련하여 나를 초청하는 곳이 많아서 여행할 일도 꽤 잦아졌다. MIA 활동에도 적극 참여했다.

MIA 임원 중 하나였던 나는, MIA를 위해 내가 할 수 있는 일은 무엇이든 했다. 옷가지와 신발을 모아 필요한 사람들에게 나누어주는 일도 했다. 미국 전역에서 우리에게 옷과 신발을 보내주었다. 보이콧이 계속되면서 직장을 잃어 생필품조차 구하기 힘들어진 사람들이 늘어났기 때문이다. 직장에 계속 다니는 사람들도 주로 걸어서 출퇴근 하느라 신발이 금세 닳아버렸다. 한동안 나는 MIA 운송부의 배차 담당자로 일하기도 했다.

정식 요금을 받지 않는 택시 운전기사들을 경찰이 체포하기 시작하자, MIA는 자원봉사 운전자들을 모집했다. 조 앤 로빈슨도 그중 하나였다. 교회들은 돈을 모금하여 스테이션왜건(뒤쪽에 큰 짐을 실을 수 있는 승용차 - 옮긴이) 몇 대를 구입했다. 일반 흑인들뿐 아니라, 더 부부와 같은 몽고메리의 몇몇 주요 백인 인사들도 돈을 기부했다. 배차를 담당했던 나는 이동이 필요한 사람들의 전화를 받은 후 자원봉사 운전자들에게 전화를 걸어 어느 어느 장소로 가서 사람을 태워달라고 부탁했다. 운전자들은 자신의 자가용이나 교회의 스테이션왜건을 이용하여 사람들을 실어 날았다.

시간이 어느 정도 흐르자 제법 그럴듯한 수송 체계가 자리 잡혔다. 스무 대의 개인 승용차와 열네 대의 스테이션왜건이 확보됐고, 서른두 곳의 대기 지점 및 환승 지점이 결정됐다. 운행시간은 아침 다섯 시 반부터 밤 열두 시 반까지였고, 매일 약 30,000명의 출퇴근 승객을 소화했다.

평소 버스를 이용하던 나머지 사람들은 어떻게 됐을까? 자세한 숫자는 모르지만, 그중 상당수는 그들의 고용주들이 직접 출퇴근을 시켜줬다. 많은 백인 여자들은 가정부 없이는 하루도 버티기 힘들어했다. 그래서 가정부나 요리사들을 직접 자신의 차에 태워 데려오고 또 데려갔다. 몽고메리 시장은 그런 행위는 보이콧을 도와주는 격이 되므로 중지하라고 호소했다. 그는 버스 보이콧이 성공적으로 진행되는 이유는 바로 백인 여자들이 자신의 가정부들을 출퇴근시켜주기 때문이라고까지 말했다. 하지만 백인 여자들은 멈추지 않았다. 그들은 이렇게 말했다.

"글쎄요. 시장님이 직접 우리 집에 와서 빨래하고, 청소하고, 내 아이들을 돌보고, 요리해주고 싶다면야 말리진 않겠어요. 하지만 내 가정부는 절대로 내보내지 않을 겁니다."

경찰은 우리의 승객 수송 활동을 막기 위해 안간힘을 썼다. 흑인 카풀 운전자들은 아주 경미한 교통위반을 해도 무조건 체포당했다. 협박조의 전화와 익명의 편지들이 백인들에게 도착하기도 했다. 예컨대 다음과 같은 편지다.

친애하는 벗에게,

아직도 깜둥이 하녀들을 차에 태우고 다니는 백인들이 있습니다. 여기에 그들의 명단을 동봉합니다. 그런 행위는 즉각 중지되어야 합니다. 그런 행위를 하는 백인들에게 전화를 겁시다. 밤이든 낮이든 개의치 말고 전화를 겁시다. 깜둥이들을 태우고 다니는 그들을 우리가 어떻게 생각하는지, 그들에게 확실히 가르쳐줍시다.

MIA는 매주 월요일과 목요일 밤에 회의를 가졌다. 사람들이 투지를 잃지 않도록 하기 위해서, 그리고 새로이 발생하는 문제들을 짚어보고 그에 대한 해결책을 마련하기 위해서였다. 1월이 왔다. 백인들의 분노는 점점 더 거세졌다. KKK의 몽고메리 지부와 백인시민회의(White Citizens' Council) 회원 수가 급증하고 있다는 말도 들렸다. 심지어 게일 몽고메리 시장도 백인시민회의에 가입하고 그것을 공식석상에서 밝히기까지 했다.

1월 말, 세 명의 시의원들이 세 명의 흑인 목사들과 회합을 가졌다. 그 흑인 목사들은 MIA 소속이 아니었다. 목사들은 버스 앞 열 좌석을 백인 전용으로, 뒤의 열 좌석을 흑인 전용으로 하되, 나머지 중간 좌석들은 흑백 불문하고 선착순으로 앉게 한다는 시의원 측 제안에 동의했다. 시의회는 그 합의 내용을 〈몽고메리 애드버타이저〉에 통보했고, 신문사는 그 주 일요일 판 제1면에 버스 보이콧이 종료됐다는 헤드라인을 실었다. 헤드라인이 나오기 전날인 토요일, 킹 목사와 애버내시 목사, 그리고 다른 MIA 지도자들이 이 소식을 들었다. 그들은 그날 밤 흑인 밀집 지역을 샅샅이 돌아다니며 그것이 거짓이라고 전했다. 일요일, 목사들은 설교 시간을 이용해 보이콧이 종료되었다는 것은 사실이 아니라고 거듭 강조했다. 소식은 빠르게 전해졌고, 다음날인 월요일 아침 버스를 탄 흑인들은 거의 없었다.

그러자 게일 시장은 앞으로 더 이상 보이콧 세력과 협상하지 않겠다고 밝혔다. 마치 그동안 협상하려 꽤나 노력했다는 듯이 말이다. 시장은 보이콧 주도자들을 과격분자들이라고 매도했다. 그즈음 보이콧 주도자들에 대한 폭력행위도 심각성을 더해갔다. 1월 말에 킹 목사의 집에 폭탄이 투척됐고, 이틀 후 닉슨 씨 집에도 폭탄이 던져졌다. 아무도 우리 집에는 폭탄을 던지지 않았지만, 협박 전화는 부지기수로 왔다. '이 모든 소란이 다 너 때문이야. 넌 죽어도 싸' 등의 내용이었다. 그런 전화를 받는 것은 정말 무서운 일이었다. 특히 어머니가 직접 그런 전화를 받을 때면 내가 미쳐버릴 것 같았다.

2월 초, 프레드 그레이 변호사는 연방 지방법원에 버스 분리 탑승 제도에 대한 위헌 심판 소송을 제기했다. 당시 내 사건에 대한 항소심은 기술적인 이유로 기각되어 나의 유죄판결이 확정된 상태였다. 새로운 소송은 훨씬 더 험난할 터였다. 시의회와 버스 회사와 시장은 버스 운전기사들이 흑인에게 불친절했다는 사실을 계속 부인했다. 프레드 그레이는 버스 분리탑승 제도 자체를 문제 삼아 최종적으로 연방 대법원까지 소송을 끌어가고자 했다. 클리포드 더 변호사가 프레드 그레이를 돕기로 했다. 소송은 버스에서 부당한 취급을 당한 다섯 명의 흑인 여성의 이름으로 제기됐다. 다섯 명 중 체포되었던 사람은 클로데트 콜빈과 나, 두 사람뿐이었다. 나머지 세 명 중 한 명은 클로데트 콜빈의 어머니였다.

한편, 보이콧은 버스 회사들에게 심각한 재정적 부담을 안겼다. 버스마다 승객이라곤 백인 한두 명이 고작이었다. 마침내 그들은 버스 운행을 전면 중단했다. 지역 경제 역시 막대한 타격을 입었다. '몽고메리 남성 연합'이라는 백인 사업가단체는 독자적으로 MIA와 협상을 벌였지만 아무런 성과도 끌어내지 못했다.

2월 중순 경, 일군의 백인 변호사들이 케케묵은 옛 법을 들먹이며 버스 보이콧이 불법이라고 법원에 제소했다. 2월 21일, 대배심원단은 보이콧 관계자 여든아홉 명에 대한 기소를 결정했다. 킹 목사, 이십여 명의 다른 목사들, MIA 임원들, 다수의 시민들이 여든아홉 명 안에 포함되어 있었다. 나도 또다시 기소됐다.

그들은 우리 모두의 지문을 채취했다. 기소 결정 소식을 들은 각 신문사 사진기자들이 몰려와 우리가 지문 채취당하는 모습을 찍었다. 내가 지문 채취당하는 장면을 담은 사진이 〈뉴욕 타임스〉 제1면에 실렸다. 훗날, 사람들은 그 사진을 내가 처음 체포되었을 때의 것으로 잘못 알고 사용하는 경우가 꽤 많았다. MIA가 여든아홉 명 전원의 보석금을 지불했고, 우리는 재판이 시작될 때까지 집에 머물 수 있었다. 내 남편이 증인으로 출석할 예정이었고, 우리 집 건너편에 살던 흑인 아주머니 한 분 역시 증인으로 선정되었다. 그녀의 남편은 1950년 8월, 군복무를 마치고 귀향한

1956년 2월, 몽고메리 경찰은 "합당한 이유나 법적 근거" 없이 버스 보이콧을 했다는 이유로 여든아홉 명을 체포했다. 로자도 그중 하나였다. (사진: AP/Wide World)

바로 다음날 총에 맞아 죽었다.

힐리어드 브룩스라는 이름의 그 남자는 그날 시내로 가는 버스를 탔다. 누군가가 그를 음주와 풍기문란으로 경찰에 신고했고, 경찰이 출동해 그를 총으로 쏴 죽였다. 당시 그가 군복을 입고 있었는지 아닌지 나는 모른다. 내가 분명히 아는 것은, 백인들은 흑인 제대군인들이 군복을 입고 다니는 것을 끔찍이 싫어했다는 사실이다.

재판은 3월에 시작됐다. 킹 목사가 첫 타자였다. 정확히 3월 19일이었고, 나도 법원으로 갔다. 사람들이 구름처럼 몰려들어 서로 안으로 들어가려 북새통이었다. 하지만 좌석을 확보한 사람이 아니고는 입장이 허락되지 않았다. 통로에 서거나 맨바닥에 앉아서 구경하는 것도 금지되었다. 킹 목사 측에서 내세운 증인들은 아주 많았고, 그들은 한결같이 버스 안에서 벌어지는 상황에 대해 증언했다. 변호인은 남편이 총에 맞아 죽은 내 이웃 아주머니에게 버스를 이용하는지를 물었다. 그녀는 큰 소리로 "No!"라고 대답했다. 왜 버스를 타지 않느냐는 질문에, 그녀는 남편이 버스 안에서 경찰이 쏜 총에 맞아 죽은 후부터 절대로 버스를 타지 않는다고 대답했다. 증인들 모두 버스 탑승과 관련하여 개인적으로 얽힌 사연을 말했다. 한 여성은 증언대에 서서 아주 오랫동안 이야기했다. 그녀가 또 다른 이야기를 시작하려하자 판사가 중지시켰다. 기분이 상한 그녀가 소리쳤다.

"이제 겨우 시작인걸요. 아직도 할 얘기가 산처럼 쌓여 있습니다."

증인들은 조금도 머뭇거리지 않고 자신들의 이야기를 토해 냈다.

킹 목사는 유죄 판결을 받았고, 500달러 벌금이나 1년의 중노동 형을 선고받았다. 킹 목사는 벌금도 안냈고, 중노동도 하지 않았다. 항소심에서 승소했기 때문이다. 여든아홉 명 중 실제로 재판을 받은 사람은 킹 목사 하나였다. 그 일을 통해 킹 목사는 보이콧이 계속되어야 한다는 생각을 더욱더 굳혔다. 흑인들이 어떻게 취급받으며 살아왔는지 더 잘 깨달았기 때문이다. 사람들 모두 의지를 굽히지 않았다. 봄이 무르익고 있었다. 우리는 계속 걸었고, 카풀도 계속됐다.

어느덧 몽고메리의 버스 보이콧은 다른 지역에도 속속 알려지게 되었다. 언론의 뜨거운 관심 덕이었다. 여러 교회와 학교와 사회단체에서 나를 초청하여 내가 체포된 경위와 이후의 과정에 대해 듣고 싶어 했다. 나는 여건이 허락할 때마다 최선을 다해 초청에 응했다. 여행경비는 받았지만 강연료는 모두 보이콧 비용에 보탰다. 그 돈은 스테이션왜건을 구입하는 데에도 요긴하게 쓰였다. 나는 그해 봄의 대부분을 집회 참석과 강연으로 보냈다. 파크스는 내 안전을 염려했지만, 특별히 위험한 일은 발생하지 않았다.

난생 처음 뉴욕에도 갔다. 몬티글의 하이랜더 시민학교를 설립한 마일즈 호튼 씨가 나를 뉴욕으로 초청했다. 그의 부인은 얼마 전 세상을 떴다. 호튼 씨는 뉴욕에서 개최되는 여러 행사에 나를 데리고 갔다. 뉴욕에 있는 동안 나는 퀘이커 교도인 샬럿 미첨과 스튜어트 미첨 부부의 집에서 머물렀다. 그들이 내게 뉴욕의 이곳저곳을 구경을 시켜주었는데, 아주 즐거운 시간이었다. 방학을 맞아 그들의 아들이 집에 오게 되자 나는 로어이스트사이드에 있는 헨리 스트리트의 게스트하우스로 숙소를 옮겼다. 호튼 씨와 나는 몽고메리 버스 보이콧에 관해 논의하는 회의에도 참석했다. 그들은 내 이야기를 무척 듣고 싶어 했다. NAACP 본부 임원들과도 몇 차례 모임을 가졌다.

초청 여행을 다니면서 힘든 시간이 없었던 것은 아니다. 샌프란시스코에서 개최된 NAACP 전국 총회에 참석했을 때의 일이었다. 아마 뉴욕에서 곧장 그곳으로 갔을 것이다. 집을 떠나온 지 꽤 여러 날 됐고, 잠도 제대로 자지 못한 때였다. 내 신경은 곤두설 대로 곤두서 있었다. 샌프란시스코의 한 신문사 백인 기자와 인터뷰 약속이 잡혀 있었다. 그의 질문에 성의껏 임하리라 마음먹었다. 하지만 그는 내게 결코 호의적이지 않았다. 인터뷰 도중에 그가 했던 말 한 마디가 지금까지 잊히지 않는다.

"나를 그렇게 빤히 쳐다보지 마세요."

난 그저 그와 눈을 맞추며 얘기하려 했던 것뿐이었다. 기자의 그 말에 나는 극도로 불안해졌다. 곧이어 기자는 아주 거만한 태도로 말했다.

"당신을 완전히 산산조각 내버리겠어. 어떻게 되나 두고 봅시다." 그는 나를 겁주려 했고, 그것은 대성공이었다.

그 때 내 손에는 찻잔과 찻잔 받침이 들려 있었다. 기자와 대동한 사진사가 내 사진을 찍었다. 내가 차를 마시고 있는 듯한 모습이었을 게다. 컵이 덜컥덜컥 소리를 냈다. 몸이 미친 듯이 떨렸다. 백인 기자는 내게 그토록 불쾌하고 무례하게 구는데 나는 여전히 한없이 정중하고 상냥하게 그를 대하고 있었다. 그 남자를 더 이상 견딜 수 없었다. 나는 발작을 일으켰다. 비명을 지르고, 통곡을 했다.

기자는 급히 자리를 떴다. 아무도 나를 눈여겨보지 않았다. 다가와 사연을 묻는 이 하나 없었다. 난 자리에 앉은 채 하염없이 울었다. 얼마 후 NAACP 의장인 로이 윌킨스 씨가 들어와 나를 보았다. 그는 아무 말 없이 내 옆에 앉더니, 팔로 내 어깨를 감싸고는 한참을 토닥였다.

그날 무엇이 나를 그렇게 폭발하게 만들었는지 지금도 잘 모르겠다. 앨라배마 주립대학을 흑백 통합 대학으로 만드느라 애썼던 오서린 루시도 그와 비슷한 신경쇠약을 겪었다는 얘기를 들은 적이 있다. 그녀가 만성 신경쇠약이었는지 아닌지는 모를 일이다. 하지만 내가 정신적으로 무너졌던 것은 그 때 한 번 뿐이었다.

나는 사람들의 이목이 내게 집중되는 것에 익숙하지 않았다. 한때는 사람들이 나를 그 버스 사건 한 가지로만 관련시켜 바라보는 것이 꽤 힘들고 부담스럽기도 했다. 하지만 그 사건이 수많은 사람들을 결집시켜 버스 보이콧 운동을 벌여나갈 수 있도록 한 도화선이 되었다는 것을 나는 곧 깨달았다.

그해 6월, 세 명의 판사로 구성된 특별 연방 지방법원 재판부는 2대 1로 버스 분리 탑승에 대한 우리의 소송이 정당하다고 판결했다. 하지만 몽고메리 시의원들은 이에 불복하여 연방 대법원에 항소하기로 결정했다. 대법원 판결이 나오려면 여러 달이 더 걸린다는 것을 우리는 잘 알고 있었다.

여름이 왔다. 나는 몽고메리로 돌아와 있었다. 우리의 보이콧은 계속됐다. 백인들의 보복도 계속됐다. 그들은 흑인 교회가 운영하는 자동차들의 보험을 받아주지 않기로 결정했다. 모든 교회들은 차 옆에 교회 이름을 새긴 스테이션왜건을 소유하고 있었는데, 차량 보험을 드는 족족 거부되거나 곧 취소되었다. 다행히 킹 목사는 애틀랜타에서 보험업을 하는 T.M. 알렉산더라는 사람을 알고 있었고, 알렉산더 씨는 런던의 대형 보험회사인 로이드(Lloyd's) 사로 하여금 우리의 교회 차량들에 대한 보험을 받아주도록 도와주었다.

뿐만이 아니었다. 게일 시장은 흑인들이 길가에 모여 교회 차량을 기다리는 행위를 금지해달라는 소송을 법원에 제기했다. 모인 흑인들이 큰 소리로 노래 부르는 등 소란을 일으켜 다른 사람들을 불쾌하게 만든다는 이유였다. 법원은 시장의 주장을 받아들여 흑인들의 집단 대기 행위를 금지하는 명령서를 발부했다. 그러나 몽고메리 법원이 그 명령서를 발부한 바로 그날, 연방 대법원이 우리의 손을 들어주는 판결을 발표했다. 몽고메리의 흑백 분리 버스탑승 제도는 위헌이라는 판결이었다.

그날은 1956년 11월 13일이었다. 킹 목사가 대규모 공개회의를 열어 우리에게 그 소식을 알렸다. 모두가 환희의 환호성을 질렀다. 하지만 MIA는 흑인들에게 이제 버스를 타도 좋다는 말은 하지 않았다. 대법원의 명령서가 공식적으로 몽고메리 시에 전달되려면 한 달 이상이 더 걸릴 것이기 때문이었다. 우리는 기다렸다.

그 사이에 나는 하이랜더 시민학교에 며칠 방문해달라는 초청을 받았다. 당시, 테네시 주의 클린턴에서는 한 백인 학교에 여섯 명의 흑인 학생들이 최초로 입학한 일이 있었다. 그 흑인 학생들은 학교 안에서 심한 스트레스와 여러 위험한 사건들을 겪었다. 그들을 보호해줄 아무런 장치도 없는 상태였다. 내 생각인데, 그 즈음 그 흑인 학생들은 자퇴를 고려하던 모양이었다. 하이랜더는 그 학생들도 초청했다. 내가 그들을 잘 설득해서 포기하지 말고 계속 학교에 다니도록 해주기를 바랐다. 닉슨 씨도 나와 동행했다. 나는 그 학생들과 얘기를 나눴다. 여섯 명 중에 몸집이 아주 작은 소년이 자기가 겪은 일을 털어놓았다. 백인 학생들 몇 명이 그를 덮쳐 쓰러뜨린 후 무차별 폭행을 가했다. 그는 가지고 있던 주머니칼을 간신히 꺼내 백인 학생 한 명의 손목을 그어버렸다. 그제야 백인 학생들은 폭행을 멈췄다. 하이랜더에서 한 동안 시간을 보낸 후, 여섯 학생 모두 겨울 방학 후 다시 학교로 돌아가기로 결심을 굳혔다.

　나의 하이랜더 방문에는 닉슨 씨 뿐 아니라 내 어머니도 동행했다. 어머니는 그 여행을 아주 좋아했다. 하지만 하이랜더 스태프들이 내게 그곳으로 이사와 함께 일하자고 제안하자 어머니는 펄쩍 뛰며 반대했다. 내가 '백인들밖에 안 보이는 곳'에서 살도록 절대로 내버려둘 수 없다고 했다. 하이랜더로부터의 취업 제안은 그렇게 싱겁게 끝나버렸다. 어차피 몽고메리를 떠날 수 있는 상황도 아니었다.

　그 후로도 하이랜더를 몇 차례 더 방문했다. 버스 보이콧을 지지한 백인 목사인 로버트 그레이즈 씨와 함께 방문한 적도 있다. 하지만 그곳에 도착한지 얼마 되지 않아 그레이즈 목사의 집이 폭탄 세례를 받았다는 전화를 받았고, 우리는 황급히 몽고메리로 돌아가야 했다. 얼마 후인 1957년 1월에 그의 집에는 또다시 폭탄이 투척됐다. 킹 목사의 보좌관으로 일하던 랠프 애버내시 목사의 집도 폭탄을 맞았고, 제일 침례교회, 벨 스트리트 침례교회, 허친슨 스트리트 침례교회 등 세 곳의 교회에도 같은 달 폭탄이 던져졌다.

　그 해에 있은 하이랜더 시민학교 설립 25주년 기념식에 나는 킹 목사와 함께 참석했다.

흑백 통합버스 제도가 시행된 첫날인 1956년 12월 21일, 몽고메리의 한 버스 앞좌석에 앉은 로자. (사진: UPI/Bettman)

1956년 12월 20일, 마침내 연방대법원의 명령서가 도착했고, 그 다음날 우리는 버스 탑승을 시작했다. 보이콧을 시작한지 무려 1년이 넘은 때였다. 킹 목사, 애버내시 목사, 닉슨 씨, 그리고 버스 보이콧을 지지한 몇 안 되는 몽고메리 백인들 중 하나인 글렌 스마일리 씨는 몽고메리 최초의 흑백 통합버스 시승식을 아주 성대하게 거행했다. 어떤 책들에는 나도 그곳에 있었다고 쓰여 있는데, 그것은 사실이 아니다. 마침 그날 어머니가 많이 아파 시승식에 가지 않고 집에서 어머니를 간호할 예정이었다. 누군가가 〈룩(Look)〉이라는 잡지사 기자들에게 내가 어디에 살고 있는지 말해준 모양이었다. 그들은 내 집 앞에서 내가 어머니를 위해 식사준비를 다 끝낼 때까지 기다렸다. 외투를 입은 후 그들의 차를 타고 시내로 향했다. 그들은 나를 여러 차례 버스에 오르락내리락 하게 하며 연신 사진을 찍었다.

그날 내가 탔던 버스 중 하나는 공교롭게도 나를 경찰에 넘긴, 문제의 그 버스 운전기사 제임스 블레이크가 몰던 버스였다. 그는 아무 말도 하지 않았고, 나 역시 불편하기만 했다. 사진사는 내가 버스 좌석에 앉아 있는 사진을 성이 찰 때까지 수도 없이 찍었고, 그때마다 기자가 내 뒷좌석에 앉았다.

제임스 블레이크는 그 이후에도 그 때의 일에 대해 단 한 번도 공개적으로 언급한 적이 없다. 보이콧 몇 주년 기념이다 뭐다 하여 이따금 기자들이 그와 인터뷰하려 시도했지만 성공한 적이 없다고 들었다. 1970년대의 어느 날엔가, 그에 대한 짤막한 기사를 읽은 적이 있다. 기자 몇 명이 그의 집을 찾아가 인터뷰를 요청했다. 그의 부인이 대신 나오더니, 남편은 몸이 안 좋아 쉬고 있으며, '그 지긋지긋한 일'에 대해선 아무 것도 말하고 싶어 하지 않는다고 전했다고 한다.

짐작컨대, 흑인들에 대한 제임스 블레이크의 태도는 전혀 변하지 않았던 것 같다. 많은 사람들이 변화를 원치 않는다. 법을 바꾸는 것이 중요한 이유는 바로 거기에 있다. 법을 통해 최소한의 보호라도 받을 수 있어야 하는 것이다.

연방대법원 판결이 난 이후에도 몽고메리의 흑백 버스통합은 부드럽게 진행되지 않았다. 백인들이 몰래 숨어 버스를 향해 총기를 난사하는가 하면, 시는 버스에 통행금지 시간을 적용하여 오후 5시 이후의 버스 운행을 전면 금지시켰다. 오전 9시에 출근하여 오후 대여섯 시에 출근하는 사람들은 퇴근길에 버스를 이용할 수 없게 되었다. 일부 백인들은 백인 전용 버스 회사를 차릴 계획도 세웠지만 현실화되지는 못했다. 앞에서 언급했다시피, 흑인 목사들의 집과 교회에는 수시로 폭탄이 던져졌다. 하지만 시간이 흐르면서 이러한 폭력은 서서히 가라앉기 시작했고, 무서워서 버스를 타지 않는 일도 점차 줄어들었다.

앨라배마 주의 버밍햄이나 플로리다 주의 탤러해시 등 다른 도시의 흑인들도 버스 보이콧 운동을 전개했다. 바야흐로 본격적인 시민권 운동이 불붙기 시작했다.

11

디트로이트로 이사하다

버스 보이콧 운동이 끝난 후 얼마 되지 않아 나는 몽고메리를 떠났다. 앨라배마에서의 내 안전을 염려하던 동생 실베스터가 디트로이트에 우리가 살 집을 마련해두었다. 우리가 괴롭힘을 당한 건 사실이었다.

연방대법원의 판결이 난 이후에도 협박전화는 끊이지 않았고, 한동안 남편은 총에서 손을 떼지 못했다. 친한 친구인 버사 버틀러에 따르면 내 어머니는 종종 한밤중에 그녀에게 전화를 걸어 몇 시간이고 얘기를 나누었다고 한다. 통화중인 동안은 협박전화를 받을 염려가 없어서였다. 한번은 내가 길을 걷고 있는데, 한 백인 남자가 내게 욕을 퍼부었다. 내 사진이 여러 신문에 실렸던 터라 나를 알아보는 백인들이 적지 않았다. 몽고메리 경제를 좌지우지하는 백인들이 내게 일자리를 줄 것 같지도 않았다.

실베스터는 제2차 세계대전이 끝난 후 미시건 주의 디트로이트로 옮겨갔고, 그 후 한 번도 앨라배마에 발을 디딘 적이 없었다. 그는 우리가 디트로이트에서 자리 잡을 수 있도록 힘껏 돕겠다고 했다. 그렇게 해서 우리는 디트로이트로 이사했다. 협박전화나 욕설이 조금씩 잦아들긴 했지만 디트로이트에서 좀 더 나은 삶을 살 수 있을 거라고 생각했다.

우리가 떠나기 전 날, 몽고메리의 친구들은 우리를 위한 모금 파티를 열고, 모아진 돈을 이별 선물로 주었다. 800달러쯤 되는 돈이었다. 가진 돈이 별로 없던 파크스와 나는 감사히 그 돈을 받았다. 남편과 어머니와 나는 실베스터가 디트로이트의 유클리드 애비뉴에 얻어둔 한 아파트로 들어갔다.

이런 저런 회의와 모임에 초청받아 참석하느라 나는 여전히 많은 여행을 했다. 디트로이트로 이사한 지 한 달쯤 후에 매사추세츠의 보스턴에 갈 기회가 있었다. 그곳에서 버지니아 주 햄프턴에 있는 흑인 대학인 햄프턴 학교의 총장을 만났다. 그가 내게 캠퍼스 내에 있는 게스트하우스의 사감 일을 해줄 수 있겠느냐고 물었다. 그곳에 묵는 외부 손님들이나 교수 및 교직원 등 상시 거주자들을 위해 책임지고 관리와 편의를 돌보는 일이었다. 게스트하우스에는 네 명의 파트타임 청소부들이 있는데 그들에 대한 관리도 담당하는 일이라고 했다. 남편과 어머니를 모실 주거

공간을 쉬이 얻을 수 있으리라 생각하여 나는 그 제의를 수락했다. 하지만 우리가 함께 살 방은 끝내 얻지 못했다. 남편과 어머니는 디트로이트에 남게 되었다. 남편도 어머니도 그리 건강이 좋지 않았다. 그래도 파크스는 내가 떠나 있는 동안 이발사 면허를 따기 위해 학교에 다니는 등 열심히 살아갔다. 미시건 주에서는 이발사로 취업하려면 반드시 면허가 필요했다. 그는 이발사 학교에서 건물 관리인으로 일할 기회를 얻었다. 그는 디트로이트에서 생애 처음으로 유권자 등록도 했다. 가족과 떨어져 살게 된 나는 몹시 외로웠고, 의욕도 잃었다.

1958년 여름, 마틴 루터 킹 목사가 뉴욕에서 칼에 찔렸다는 소식을 들었다. 내가 아직 햄프턴에 있을 때였다. 그 소식을 들은 건 마침 내가 킹 목사의 첫 번째 저서인 《자유를 위한 힘찬 발걸음(Stride Toward Freedom)》을 읽고 있을 때였다. 내게 특별히 친필 사인을 해준 책이었다. 킹 목사는 뉴욕의 한 서점에서 그 책의 사인회를 열고 있었는데, 어떤 미친 여자가 그에게 달려들어 칼로 찔렀고, 그는 중상을 입고 병원에 실려 갔다고 했다.

나는 형언하기 어려울 만큼의 큰 충격을 받았다. 정신줄이 나간 사람처럼 울부짖었다. 킹 목사의 수술이 잘 끝나 곧 회복될 거라는 소식을 들은 후에야 마음이 진정됐다.

그런 혹독한 경험을 혼자서 겪는다는 것은 실로 어려운 일이었다. 사실, 햄프턴에 있는 동안 내 건강도 썩 좋지 않았다. 크리스마스 휴가를 맞아 디트로이트에 갔을 때, 그곳에서 작은 수술도 받았다. 나는 대학 측에 우리 가족이 살만한 집을 캠퍼스 안에 마련해줄 수 있는지, 그리고 근처 흑인 이발소에 남편의 일자리를 알아봐줄 수 있는지 부탁해보았으나 둘 다 거절당했다. 게스트하우스 옆 부속 건물의 아파트를 빌려 쓸 수 있을 것으로 기대했으나 그것도 허락되지 않았다. 내게 이유를 말해주진 않았지만, 아마도 그 건물을 교직원용으로 쓰려 했던 것 같다.

남편과 어머니는 나를 몹시 보고 싶어 했다. 나도 더 이상 내 가족을 걱정하며 햄프턴에 혼자 살고 싶지 않았다. 햄프턴 대학은 나를 놓치기 싫어했고, 떠나는 나도 심정이 복잡했다. 햄프턴에서의 내 일을 좋아했고, 교정도 너무 아름다웠다. 하지만 가족에게 돌아가고픈 마음이 더 컸다.

디트로이트로 돌아간 나는 재단 일을 하는 친구의 집에서 얼마간 일하다가 시 서쪽에 있는 작은 의류공장에 취업했다. 1961년 나는 버지니아 파크의 아파트로 이사했다.

나의 강연 여행은 계속됐다. 시민권 운동이 활발하게 전개되던 시기였고, 사람들은 버스 보이콧과 시민권 운동에 대해 내 얘기를 듣고 싶어 했다. 킹 목사는 뜻을 같이 하는 다른 목사들과 함께 SCLC(Southern Christian Leadership Conference, 남부 기독교 리더십 회의)를 창립했다. 남부 전 지역에서의 흑백 분리주의와 맞서 싸우기 위해 만든 조직이었다. 대규모 시위가 벌어진 적이 있는데, 나도 그 행진에 참여했다.

SCLC가 주최한 한 회의가 특별히 기억에 남는다. 분리주의가 가장 혹독하게 시행되던 도시 중 하나인 앨라배마의 버밍햄에서 열린 회의였다. 그 지역 백인들이 어떤 교회에 폭탄을 터뜨려 네 명의 어린 흑인 소녀들을 살해한 사건이 막 발생한 때였다. 나는 무대에서 가까운 청중석 앞쪽에 앉아 있었다. 킹 목사가 몇 가지 공지사항을 발표하며 회의를 끝마치려 할 때, 청중석에 있던 한 백인 남자가 무대로 달려올라 가더니 킹 목사의 얼굴을 주먹으로 내리쳤다. 킹 목사의 얼굴이 거의 반 바퀴 돌아갈 정도로 강한 타격이었다. 경악한 사람들이 미처 손쓸 틈도 없이, 그 남자는 다시 킹 목사를 치려했다. 킹 목사는 한 순간 손으로 얼굴을 감싸는 듯하더니 곧 팔을 내려놓으며 백인 남자를 향해 얼굴을 돌려 묵묵히 그를 바라보았다. 당황한 백인 남자 역시 멈칫하며 킹 목사를 바라보았다. 그 틈을 타서 와이엇 티 워커 목사를 비롯한 몇몇 사람들이 백인 남자를 붙잡았다.

킹 목사가 소리쳤다.

"그에게 손대지 마십시오! 우리가 해야 할 일은 그를 위해 기도하는 일입니다."

킹 목사는 백인 남자에게 다가가 조용히 뭔가를 말하기 시작했다. 킹 목사는 말을 계속했고, 백인 남자는 그 말을 들으며 천천히 무대 아래로 내려갔다. 사람들은 킹 목사가 그 백인 남자를 압도하는 모습에 넋을 잃다시피 했다. 킹 목사의 얼굴 상처를 보살피는 것조차 잠시 잊을 정도였다.

무대 뒤로 간 나는 킹 목사에게 아스피린 두 알과 코카콜라 한 잔을 주었다. 두통에 대한 나만의 처방이다. 킹 목사는 얼음을 싼 손수건을 얼굴에 대고 앉아 있었다. 나중에 킹 목사가 사람들에게 말한 바에 따르면, 그와 백인 남자는 한참 동안 얘기를 나눴으며, 그 백인 남자는 미국 나치당(American Nazi Party) 회원이라고 했다. 미국 나치당은 극단적으로 인종차별주의적인 조직이다. 킹 목사는 그 백인 남자를 고발하지 않겠다고 했다. 그것은 비폭력주의에 대한 킹 목사의 강인한 믿음을 단적으로 보여주는 증거였다. 비폭력주의에 대한 그의 믿음은 눈앞의 폭력으로부터 자신을 보호하고자 하는 인간의 반사적 본능을 뛰어넘을 정도로 강했다.

나는 연방 시민권법의 통과를 요구하기 위해 열린 1963년의 워싱턴 대행진에도 참석했다. 당시까지만 해도 집회에서의 여자들의 역할은 아주 제한적이었다. 여자들에게는 아예 아무 역할도 맡기지 않는 것이 보통이었다. 대행진 기획팀은 킹 목사의 부인 코레타 스콧 킹을 비롯한 여타 흑인 지도자들의 부인들이 남편들과 함께 행진하는 것을 원하지 않았다. 대신, 그들만의 별도의 행진 대열을 만들어 주었다. 연사들 중에 여성은 한 명도 없었다. 킹 목사가 링컨 메모리얼 센터 앞에서 그의 기념비적 연설 '나에겐 꿈이 하나 있습니다'(I have a dream)를 말한 그 집회였다.

그래도 대행진 프로그램에는 '여성에 대한 헌사'를 발표하는 순서가 있었다. 대행진 기획자 중 하나이자 침대차 잡역부 노조 설립자이기도 한 A. 필립 랜돌프 씨가 시민권 투쟁에 참여해온 몇몇 여성들을 소개했다. 나도 그중 하나였다. 그 여성들 중에는 조세핀 베이커도 있었다. 아름다운 무용수이자 가수이기도 한 그녀는 생의 대부분을 유럽에서 보냈지만 미국에서 지내는 동안에는 열정적으로 시민권 운동에 참여했었다. 그녀는 이번 대행진에 참석하기 위해 일부러 파리에서 날아왔다. 마리안 앤더슨이 '온 세상이 주님 손 안에'를 불렀고, 마할리아 잭슨은 '나는 걸어차이고 멸시 당했다'를 불렀다. 노래를 부르지 않은 나 같은 사람들은 아무 말도 할 기회가 없었다. 물론, 레나 혼은 예외였다. 그녀는 자기 이름이 불리자 일어서서 큰 소리로 "자유!"라고 외쳤다. 오늘날의 여성들은 우리 때처럼 조용히 뒷자리나 차지하고 앉아 있는 것을 참지 못할 것이다. 하지만 그 당시에 '여성의 권리'는 중요한 사회적 관심사가 아니었다.

나는 대행진이 끝나고 한 달 후쯤, 버지니아 주 리치몬드에서 개최된 SCLC의 제7주년 기념회의에서 연설했다. 다른 사람들도 남부 여러 지역에서 진행되고 있는 시민권 운동에 대한 보고를 했다. 그 즈음 남부 전역에는 분리주의 철폐를 외치는 시위와 조직 활동이 한창 무르익고 있었다.

시민권 운동은 커다란 변화를 만들어내고 있었다. 비록 대다수 남부 백인들의 태도는 아직 바뀌지 않았지만, 워싱턴의 정치인들은 좀 달랐다. 당시 미국 대통령은 텍사스에서 태어나고 자란 린든 베인즈 존슨이었다. 1964년 시민권법을 밀어붙인 사람이 바로 그였다. 1964년 시민권법은 미국 재건기(남북전쟁이 끝난 후 남과 북이 통합하여 연방국이 만들어지던 시기 - 옮긴이) 이후 만들어진 법률 중 가장 원대하고 획기적인 법률이다. 그 법은 흑인들에게 투표권과 공공시설 사용권을 보장했으며, 그 법을 준수하지 않는 사람을 연방정부가 기소할 수 있도록 명시했다. 존슨 대통령은 그 법안에 서명하면서 "우리 승리하리라"(We shall overcome)라고 말했다. '우리 승리하리라'는 몽고메리 버스 보이콧 기간 동안 우리가 내내 불렀던 노래의 제목이자 가사의 일부분으로써, 이후 그 노래는 시민권 운동에 참여한 모든 흑인과 백인들이 즐겨 부르는 대표적인 저항가요가 되었다.

1964년 시민권법은 우리의 문제를 모두 해결해준 것은 아니지만, 그래도 흑인들에게 어느 정도의 보호막은 되어주었다. 부당한 대우를 받았을 때 바로잡을 수 있는 근거가 되어주었다. 아직도 쟁취해야 할 권리는 많았고, 시민권 운동도 계속됐다.

1965년 초, 킹 목사와 SCLC는 앨라배마 주 셀마에서 대규모 집회를 개최하기로 결정했다. 셀마는 흑인들의 투표권 등록률이 유난히 낮은 지역이었다. 집회 주최 측은 가급적 많은 시위 참여자들이 체포되어 셀마의 유치장을 가득 채우도록 상황을 이끌어 가기로 했다. 셀마 경찰은 신경이 곤두설 대로 곤두섰다. 2월 초, 셀마의 보안관 짐 클라크와 그의 부하들이 시내에서 집회를 하던 150여 명의 어린이들을 둘러쌌다. 경찰은 마치 가축을 몰듯 어린이들을 몰아 마을 중심가에서 쫓아낸 뒤 시골길을 따라 계속 몰고 갔다. 대열을 벗어나는 아이들에게는 소몰이용 전기막대도 사용했다. 마침 그 장면이 TV 뉴스에 보도되었고, 시민권 활동가들의 분노는 극에 달했다. 그 사건은 전국적으로 시민권 운동에 대한 백인들의 지지를 끌어올리는 큰 계기가 되기도 했다. 각지에서 사람들이 셀마로 몰려들었다. 킹 목사는 셀마에서 몽고메리까지 걸어가는 대규모 시민 가두행진을 제안했다. 약 80킬로미터 거리였다. 행진 시작 날짜는 1965년 3월 7일로 잡혔다.

SCLC는 가두행진을 위한 허가서를 신청했고, 시는 셀마와 몽고메리를 잇는 80번 고속도로의 2차선 구간에서는 최대 삼백 명만 행진에 참가하되, 시에 인접한 4차선 구간에서는 참가인원을 제한하지 않겠다는 조건으로 승인했다. 나는 몽고메리 시내로 접어드는 마지막 행진 구간에서 대열에 합류해달라고 제안받았다.

일요일 아침 셀마의 브라운 교회를 출발한 행진 참가자들은 수요일 밤이 되어서야 몽고메리 외곽에 도착했다. 행진은 아주 잘 조직되어 있었다. 80번 고속도로의 4차선 구간에는 삼천 명 이상의 사람들이 모일 수 있게 했고, 2차선이 되면 삼백 명 이상 되지 않도록 인원조정에 크게 신경을 썼다. 실무자들은 야영시설과 음식과 옷가지 등도 미리 준비해놓았다. 밤이 되어 야영지에 묵을 때면 코미디언인 딕 그레고리와 가수인 해리 벨라폰테

셀마-몽고메리 대행진. 왼쪽부터: 로자, 랠프 데이비드 애버내시 목사, 후아니타 애버내시, 랠프 번치 대사, 마틴 루터 킹 주니어 목사, 진 영 여사 (사진: 일레인 톰린/SCLC 제공)

같은 사람들이 행진 참가자들에게 재밌고 즐거운 시간을 선사하며 전의를 북돋아주었다. 딕 그레고리는 시민권 이슈와 빈곤층에 대한 관심을 불러일으키기 위해 단식투쟁을 한 사람으로도 유명했다. 또한, 실무자들은 참가자들이 행진 구간별로 다른 색깔의 재킷을 입도록 했다.

목요일은 행진 마지막 날로, 행진대가 몽고메리 시 의사당에 도착하기로 예정되어 있었다. 내가 합류하기로 한 마지막 행진 구간이기도 했다. 그 구간에는 주요 인사들이 꽤 많았지만, 닉슨 씨는 그 안에 없었다. 사실 그는 이번 대행진에 아예 합류하지 않았다. 행진에 대해 그다지 관심을 갖지 않은 듯했다. 닉슨 씨는 길가에 서 있었고, 나도 한동안 그 옆에 있었다. 그러던 중 누군가가 나를 도로 안으로 밀었다.

그날의 행진은 내게 아주 묘한 경험이었다. 앨라배마를 떠난 게 불과 엊그제 같은데, 예전의 어린이들이 어느새 너무나 훌쩍 큰 젊은이가 되어 있었다. 그들은 내가 누군지 알아보지 못했다. 나를 모르니, 내게 신경을 써줄 이유도 없었다. 최종 구간 행진 참여자들 역시 그들만의 통일된 색깔의 재킷이나 옷을 입도록 되어 있었다. 하지만 내 옷은 그들의 옷과 색깔이 달랐다. 그들은 계속해서 나를 대열 밖으로 밀어냈다. 그런 일이 서너 번이나 반복됐다. 매번 대열 밖으로 밀쳐질 때마다 나는 다시 길옆에 가서 서 있었다. 그러면 얼마 후 또 누군가가 나를 발견하고 말했다.

"파크스 부인! 대열로 들어오세요."

내가 말했다.

"들어갔지만 나를 자꾸 밀어내네요."

그들이 다시 말했다.

"그랬군요. 다시 들어오세요. 이번엔 저희와 같이 걸어요."

나는 딕 그레고리의 부인인 릴리안과 얼마 동안 함께 걸었다. 가스펠 가수인 오데타와도 걸었다. 하지만 어쩐 일인지 자꾸 그들을 놓쳐버렸다. 그들과 속도를 맞추기가 힘들어 뒤처지기 일쑤였고, 그때마다 사람들이 나를 대열 밖으로 밀어냈다. 그래도 계속 다시 들어갔다. 시 의사당까지 가는 13킬로미터를 그렇게 힘겹게 걸어갔다.

시내 중심가에 도착하자 누군가가 나를 대열 맨 앞줄에 세웠다. 그렇게 하여 NAACP 의장인 로이 윌킨스, 최초의 흑인 노벨 평화상 수상자인 랠프 번치(Ralph Bunche) 등 몇몇 주요 인사들과 내가 함께 행진하는 사진이 찍혔다. 하지만 그날의 행진을 떠올릴 때면 대열에서 밀쳐내진 일이 가장 먼저 생각난다.

그날에 대한 또 다른 인상적인 기억은, 우리가 시 의사당에 도착했을 때 너무나 많은 백인들이 미리 그곳에 운집하여 우리에게 고함치고 야유를 던지던 모습이었다. 분리주의 버스 탑승제도는 없어졌을지언정, 여전히 몽고메리에는 흑백 간의 평화 공존을 위해 풀어야 할 숙제가 너무도 많았다.

대행진이 끝나고 얼마 후, 비올라 리우조 부인이 살해됐다는 소식이 전해졌다. 리우조 부인은 디트로이트 출신이었는데, 나는 그녀를 개인적으로는 알지 못했다. 백인이며 평범한 가정주부였던 그녀는 시민권 운동에 대해 깊이 공감했고, 셀마-몽고메리 대행진에서 자원봉사를 하기 위해 차를 몰고 앨라배마로 향했다. 젊은 흑인 자원봉사자 한 명도 그녀의 차에 함께 탔다. 그들은 몽고메리에 도착한 행진 참가자들을 차에 태워 다시 셀마로 데려다주는 일을 하기로 되어 있었다. 두 사람이 론디스 카운티를 지나 몽고메리로 향하던 중 KKK단원을 잔뜩 실은 차 한 대가 두 사람이 탄 차 옆으로 다가와 리우조 부인을 총으로 쏘아 죽였다.

리우조 부인이 살해됐다는 소식을 듣기 바로 전 날 밤, 나는 아주 이상한 꿈을 꾸었다. 그즈음 나는 잠을 잘 자지 못했다. 불면증에 시달리기 일쑤였다. 그날 밤도 잠들기까지 오랜 시간을 뒤척였다. 간신히 잠이 들자마자, 너무 이상한 꿈을 꾸었다. 내 남편과 내가 어떤 넓은 들판에 서 있었고, 커다란 광고판 하나가 보였다. 그리고 총을 든 남자를 보았다. 내가 남편에게 소리쳤다.

"파크스, 빨리 도망가세요. 당신을 쏘려고 해요."

청바지를 입은 낯선 남자가 광고판 뒤에서 걸어 나왔다. 나는 이쪽 끝에, 그 남자는 저쪽 끝에 서 있었다. 그가 내게 총을 겨누는 순간, 나는 잠이 깼다. 자리에서 일어나서 TV를 켰다. 리우조 부인이 살해됐다는 뉴스가 흘러나왔다.

나는 그 꿈이 일종의 예지몽이었다고 생각한다. 모종의 나쁜 일이 일어날 것이라는 느낌이 강하게 들었기 때문이다. 대행진은 끝났지만 내 마음은 왠지 개운치 않았다. 리우조 부인은 디트로이트 출신이었다. 남부에서 백인이 한밤중에 흑인들을 차에 태우고 왔다 갔다 하면 안 된다는 것을 아무도 그녀에게 말해주지 않았다. 충격적이지만, 그것이 당시 남부의 현실이었다.

린든 B. 존슨 대통령(오른쪽)이 1965년 투표권법에 서명한 후 (왼쪽부터) 하원의원 월터 폰트로이, 마틴 루터 킹 주니어 목사, 랠프 데이비드 애버내시 목사와 자리를 함께 했다. (사진: Y.R. 오카모토. 린든 B. 존슨 도서관 제공)

나도 리우조 부인의 장례식에 참석했다. 그곳에서 그녀의 남편과 자식들을 만났다.

그 해 8월, 존슨 대통령은 투표권법안에 최종 서명했다. 그 법은 흑인이 자기 거주 지역에서 유권자 등록을 거부당할 경우 연방 심사관을 통해 등록할 수 있도록 한 법이었다. 남부 흑인들에게 아주 반가운, 또 하나의 중요한 입법 성과였다.

1964년의 시민권법과 1965년의 투표권법은 흑인들 및 우리와 뜻을 같이 하는 백인 지지자들의 비폭력적 저항의 직접적인 결과였다. 킹 목사는 비폭력주의에 대한 굳은 믿음을 가지고 있었다. 그는 인도의 모한다스 간디가 비폭력적 저항을 통해 영국을 상대로 독립운동을 벌인 것에 대한 많은 책을 읽었다. 간디는 상대가 폭력을 휘두를 때 똑같이 폭력으로 맞서지 말라고 말했다. 킹 목사도 역시 그렇게 말했다. 나는 미국의 흑인들이 분리주의와 싸우면서 많은 승리를 거둘 수 있었던 것은 우리의 싸움이 그러한 비폭력주의에 기반했기 때문이라고 믿는다.

어린 시절을 돌이켜보면, 그 때 우리는 비폭력주의에 대해 아무것도 알지 못했다. 우리는 백인들이 우리에게 폭력을 휘두를 때 우리도 같이 폭력을 쓰는 것이 더 유리하다고 생각했다. 내가 어릴 때 할머니는 절대로 백인들에게 맞서지 말라고 했지만, 나는 목숨을 잃는 한이 있어도 나를 괴롭히는 백인 아이들을 맞받아쳤다. 나는 자존심 강한 아이로 자라났고, 내 스스로를 보호하기 위해 상대방에게 매섭게 덤벼들었다. 앨라배마 동부에서 유년시절을 보낸 내 남편 역시 비폭력주의에 대해 들어본 적이 없다고 했다.

몽고메리에 사는 대부분의 흑인들은 폭력을 폭력으로 되갚지 않는 것은 곧 비겁함을 의미한다고 생각했다. 비폭력적 집단행동이라는 개념은 우리에게 매우 새롭고 또 논쟁적인 개념이었다. 어떤 사람들은 비폭력주의는 너무 위험하고, 오히려 상대방으로부터 더 큰 폭력을 불러일으킬 것이라 생각했다. 그 전까지 미국에서는 비폭력주의 운동이 존재한 적이 없었다. 나는 인도의 간디에 대한 글을 읽어본 적이 있었지만, 그의 철학을 우리의 저항운동에 적용해 볼 수 있다는 생각은 전혀 하지 못했었다. 하지만, 우리의 비폭력적 저항 방식에 몽고메리의 모든 흑인이 참여하는 것을 보면서 그 전술이 무척 성공적이라는 것을 깨달았다. 인종차별에 맞선 당시의 다른 많은 비폭력적 저항도 그렇게 승리를 거두었다.

나는 어떤 상황에서도 폭력은 안 된다는, 절대적 비폭력주의자는 아니다. 하지만 킹 목사와 그의 비폭력주의에 대한 굳은 신념이 없었다면 1950년대와 1960년대의 미국 흑인 시민권 운동은 결코 승리하지 못했을 것이라는 점에는 추호의 의심도 없다.

12

그 후

1964년, 하원의원 존 딩글의 법률 보좌관으로 일하던 흑인 변호사 존 코니어스가 미시건 주 제1선거구의 하원의원 후보가 되었다. 그는 내게 자신에 대한 공식적인 지지를 표명해달라고 요청했고, 나는 그렇게 했다. 그의 생각과, 그가 만들려는 법안이 마음에 들었다. 선거에서 이긴 후 그가 내게 디트로이트의 그의 의원사무실에서 일 해달라고 부탁했다. 나는 1965년 3월 1일부터 존 코니어스의 사무실에서 일하기 시작했다. 셀마-몽고메리 대행진이 끝난 지 얼마 되지 않아서였다. 그리고 23년 후인 1988년 9월 30일에 그곳에서 퇴직했다. 나는 안내원이자 사무보조원으로 일했고, 노숙자들이 살 곳을 찾도록 도와주는 일도 했다.

내가 존 코니어스 의원사무실에서 일하기 시작한 바로 그 해, 맬컴엑스(Malcolm X)가 저격당했다. 블랙 무슬림(Black Muslims, 흑인 이슬람교도로 구성된 정치·종교 집단으로서 흑인 우월주의와 흑인 국가 창건 등을 주창했다 - 옮긴이)의 본거지랄 수 있는 그들의 제1사원이 디트로이트에 있었지만, 나는 맬컴엑스를 잘 몰랐다. 나와 내 가족이 디트로이트로 이사하던 무렵, 그는 뉴욕에서 큰 사원을 하나 이끌고 있었다. 블랙 무슬림은 백인에 대한 증오를 설파했다. 나는 누군가에 대한 증오심을 부추기는 것이 싫었다. 하지만 블랙 무슬림은 특히 감옥 안의 수형자들을 개종시켜 그들이 출소한 후 비 범죄적 삶을 살도록 만드는데 큰 성과를 거두고 있었다. 그들은 흑인들이 자영업 등을 통해 자립적인 삶을 꾸려나가고 돈독한 가족관계를 형성하는 것에 크게 역점을 두었다.

맬컴엑스는 감옥에서 블랙 무슬림의 일원이 되었다. 개종 전, 그는 '디트로이트 레드'(Detroit Red)라는 별명을 가진, 전문 범죄자였다. 블랙 무슬림으로의 개종은 그의 삶을 송두리째 바꿔놓았다. 수년 후, 맬컴엑스는 이슬람교의 성지인 사우디아라비아의 메카를 방문했다. 그곳에서 그는 세계의 다른 지역에 사는 무슬림들은 인종차별주의자나 인종우월주의자가 아니라는 것, 그들은 백인을 증오하라고 가르치지도 않는다는 것을 알게 되었다. 그는 블랙 무슬림을 떠났다. 총을 맞고 숨을 거둔 1965년 2월, 맬컴엑스는 증오를 설교하지 않을 새로운 조직을 건설하는데 매진하던 중이었다.

그가 죽기 일주일 전, 나는 그를 만난 적이 있다. 그가 강연을 하기 위해 디트로이트에 왔고, 나는 맨 앞줄에 앉아 있었다. 디트로이트로 떠나기 직전, 뉴욕에 있는 그의 집이 소이탄(목표물을 불살라 없애는 폭탄 - 옮긴이)을 맞았다. 입을 옷 하나 변변히 남아있지 않았지만, 약속을 지키기 위해 그는 기어코 디트로이트에 왔다. 나는 그에게 말을 건네고, 행사 순서지 위에 그의 사인을 받았다. 그의 말투라든가, 자신을 표현하는 방식이 크게 바뀌어있었다. 나는 예전에 그가 말하는 것을 들은 적이 있었다. 하지만 이번의 그의 강연 내용은 예전의 것과 완전히 달랐다. 그가 성장한 과정, 그가 겪은 역경들, 블랙 무슬림의 존경받는 지도자가 되기까지의 험난한 투쟁 등을 들으면서 그에 대한 존경심이 저절로 우러났다. 그는 매우 명석하고 뛰어난 사람이었다. 그가 블랙 무슬림에 있을 때조차도 나는 그의 가르침에 꽤 공감했었다.

맬컴엑스가 폭력에 대해 했던 말이 생각난다. 그는 다음과 같은 말을 먼저 인용했다.

"아버지, 저들을 용서하십시오. 저들은 자기들이 무슨 일을 하는지 모릅니다."

예수 그리스도가 십자가에 못 박힐 때 했던 말이다. 킹 목사는 흑인들에게 야만성을 야만성으로 응답하지 말고 사랑으로 응답하라고 늘 말했다. 그렇게 해야 한다고 나도 믿었다. 하지만 나는 그 가르침을 진정으로 마음 속 깊이 받아들이지는 못했다. 물론, 무기도 탄약도 없던 몽고메리 흑인들에게는 복수를 하는 것보다는 비폭력주의가 더 나은 전략이었다는 것을 나는 잘 안다.

맬컴엑스 역시 비폭력주의 신봉자는 아니었다. 그는 킹 목사가 평화적으로 시위하는 사람들을 공격하는 백인 인종차별주의자들에 대해 "저들은 자기들이 무슨 일을 하는지 모릅니다"라는 예수의 말을 곧잘 인용한다는 것을 익히 알고 있다고 했다. 그리고 이렇게 말했다.

"그들은 자기들이 무슨 일을 하는지 잘 알 뿐만 아니라, 그 일에 있어서 전문가들입니다!"

내가 존 코니어스 의원사무실에서 일한 지 3년째 되던 해, 킹 목사가 총에 맞아 살해됐다. 1968년 4월 4일의 일이었다. 그때 나는 어머니와 함께 라디오를 듣고 있었다. 킹 목사는 사순절 기간 동안 라디오를 통해 설교 방송을 내보냈다. 그러나 그날은 흑인 청소부들을 위한 가두행진에 참석하기 위해 테네시 주 멤피스에 머물렀기 때문에 방송을 할 수 없었다. 다른 목사가 설교를 대신했다. 그는 킹 목사를 아주 싫어하던 목사였다. 킹 목사의 명성과 인기를 질투해서였을 것이다. 어머니와 나는 라디오를 들으며 "저런, 킹 목사의 적이 나왔군." 하고 말했다. 목사가 한창 설교하고 있는데 잠시 방송이 중단되더니 킹 목사가 저격당했다는 보도가 전해졌다. 참담했다.

그리고 잠시 후, 킹 목사가 끝내 사망했다는 보도가 흘러나왔다. 왠지 모르지만, 나는 예전에 킹 목사가 칼에 찔렸다는 소식을 접했을 때보다 덜 놀랬다. 그가 칼에 찔렸을 때, 나는 누군가가 그를 해치려 한다는 사실 그 자체에 너무나 큰 충격을 받았었다. 하지만 킹 목사가 암살당할 즈음은 그를 해치고자 하는 사람들이 제법 많다는 것을 익히 알고 있던 때였다. 슬픔으로 가슴이 찢어졌다. 어머니와 나는 아무 말 없이 눈물만 흘렸다.

멤피스에 갈 준비를 했다. 디트로이트에서 알게 된 친구인 루이스 태피스와 함께 가기로 했다. 파크스는 장거리 여행을 좋아하지 않아 함께 가지 않았다. 몇몇 사람이 더 동행했다. 우리는 킹 목사가 참석하려던 가두행진에 참석하기로 했다. 루이스의 남편이자 미국 자동차 노조 간부인 셀든 태피스 씨가 우리의 방문계획을 주최 측에 알려주었다. 가수인 해리 벨라폰테 씨가 나를 개인용 비행기에 태워 킹 목사의 장례식이 열릴 애틀랜타로 데려갔다. 로버트 케네디(Robert Kennedy, 존 F. 케네디 미국 대통령의 동생이자 당시 민주당의 대통령 후보 선두주자로서, 흑인 시민권 운동을 적극 지지했다 - 옮긴이) 상원의원과 그의 부인 에셀도 장례식에 참석했다. 나는 그 두 사람을 장례식이 열리기 전 킹 목사의 집에서 처음 만났다.

킹 목사의 장례식을 치른 지 얼마 안 된 어느 날, 나는 킹 목사에 대한 꿈을 꾸었다. 그는 둥그스름한 의자에 앉은 채 아주 커다란 벽난로 위 굴뚝 꼭대기로 올라가고 있었다. 그가 나를 바라보았다. 푸른색 작업복 차림이었다. 머리색이 짙고, 체구가 작은 한 젊은 백인 남자가 내게 등을 돌린 채 킹 목사를 바라보고 있었다. 나는 그 꿈을 대수롭지 않게 생각했다. 두 달 후인 6월, 로버트 케네디가 암살당했다는 소식을 들은 순간, 그 꿈을 생각했다. (로버트 케네디는 갈색 머리에 체구가 작았다 - 옮긴이)

좋은 사람들이 모두 세상을 떠나는 것 같았다.

1970년대에 나는 내가 가장 사랑하는 사람들을 잃었다. 남편과 어머니와 동생이 모두 아팠다. 매일 세 곳의 병원을 다니며 그들을 돌봐야 했던 나날도 있었다. 풀타임 직장도 파트타임으로 바꿔야 했다. 파크스는 5년 동안 암과 싸우다가 일흔네 살이 되던 1977년에 세상을 떴다. 석 달 후 내 동생 실베스터도 눈을 감았다. 역시 암이었다. 어머니도 암투병 중이었다. 파크스가 죽은 후 어머니를 요양원에 1년 간 모셨다. 직장 다니면서 어머니를 제대로 모실 수 없었기 때문이다. 하지만 그 1년 동안 하루도 빠짐없이 아침, 점심, 저녁으로 어머니를 방문했다.

1978년에 나는 노인 아파트로 입주했다. 곧 어머니를 집으로 모셔왔고, 1979년 아흔한 살의 나이로 돌아가실 때까지 내 손으로 돌봐드렸다.

내 건강도 그다지 좋은 편이 아니었지만, 나는 계속 일했다. 하고 싶은 것을 다 할 수는 없었다. 그러나 할 수 있는 것은 다 했다.

오래 전부터 청소년들을 돕기 위한 단체를 만들고 싶어 했던 나는 1987년에 〈로자 앤드 레이몬드 파크스 자기개발 센터(Rosa and Raymond Parks Institute for Self-Development)〉를 창립했다. 나는 지금까지도 그 센터를 위해 열심히 모금활동을 하고 있다.

그 센터가 청소년들로 하여금 배움을 멈추지 않고 미래에 대한 희망을 갖도록 하는데 도움을 줄 수 있기를 기대한다. 그것은 내가 항상 마음속에 품어왔던 목표였다. 그것은 또한, 어릴 때 변변한 교육 한 번 받지 못했던 내 남편 파크스가 늘 꿈꿨던 일이기도 하다. 그 센터를 통해서 나는 청소년들에게 장학금도 주고, 언

1965년, 로자에게 공로상을 수상하기 위해 여성 정치행동 위원회 (Women's Political Action Committee)가 주최한 행사에서 레이몬드 파크스, 루이스 태피스, 로자, 셉티마 클라크, 코레타 스콧 킹이 인사를 나누고 있다. (로자 파크스 제공)

론이나 정치, 경제, 보건 등과 관련한 지식과 기술을 배울 수 있는 강좌도 제공할 계획이다. 그러한 교육은 청소년들이 자신의 무한한 잠재력을 깨닫도록 이끌 수 있으며, 생산적인 시민으로서 이 사회에 기여할 수 있는 기술과 자질을 심어줄 것이다. 나의 가족과 스승들이 내게 불어넣어주었던 희망과 긍지와 자부심을 오늘날의 청소년들에게 불어넣어주고 싶다.

일레인 스틸(Elaine Steele)은 센터의 대표이사이자 공동창립자이기도 하다. 그녀는 내가 강연 여행을 하느라 전국 각지를 돌

1975년, 디트로이트의 12번 도로가 로자 파크스 대로로 명명되었다. (로자 파크스 제공)

때 늘 나와 함께 하며 일정을 관리해준다. 몽고메리 버스 보이콧이 있은 지 30년이 훨씬 넘었지만, 아직도 내게서 그때의 얘기를 듣고 싶어 하는 사람과 단체들이 많다.

나의 얘기를 듣기 위해, 혹은 뜻 깊은 행사를 나와 함께 치르기 위해 나를 초청한 도시와 마을과 단체들이 수도 없이 많다. 그들의 이름을 일일이 거명하는 것은 불가능하다. 불가피한 사정 때문에 초청에 응하지 못한 곳도 있지만, 결코 그 지역을 혹은 그 단체를 가벼이 여겨서 그랬던 것은 아니다. 모든 것이 시작된 곳인 앨라배마의 몽고메리에 만들어진 두 가지 기념물에 대해 언급하고 싶다.

1955년 내가 체포되었던 그 버스는 클리블랜드 애비뉴 노선을 운행하던 버스였다. 클리블랜드 애비뉴는 오늘날 로자 파크스 대로(Rosa Parks Boulevard)라고 불린다.

1989년 11월, 몽고메리에 한 기념비가 헌납됐다. 서던 포버티 법률 센터(Southern Poverty Law) 옆에 세워진 그 기념비는 마야 린(Maya Lin)이라는 건축가가 디자인 했다. 마야 린은 수도 워싱턴에 있는 베트남 전쟁 기념비를 만든 사람이기도 하다. 둥근 화강암으로 된 그 기념비에는 시민권 운동을 하다가 죽임을 당한 마흔 명의 이름이 새겨져 있다. 그 앞에는 곡선으로 된 벽이 있고, 그 벽을 타고 작은 폭포처럼 물이 흘러내린다. 그 물은 킹 목사가 남긴 아래의 구절 위를 흐르며 얇은 보호막을 만든다.

"정의가 폭포처럼, 의로움이 힘찬 강물처럼 흐를 때까지."
(until justice rolls down like waters and righteousness like a mighty stream)

나는 그 소중하고 뜻 깊은 기념비 헌납식에 초대된 것을 무한한 영광으로 생각한다.

세월이 지나가면서, 사람들은 시민권 운동에 있어서의 나의 역할을 점점 더 크게 부풀려왔다. 나를 '시민권 운동의 어머니'라거나 '시민권 운동의 수호신'이라고 부르기도 한다. 셀 수조차 없이 많은 명예 학위와 기념패와 훈장을 받았다. 물론 나는 그 하나하나에 대해 감사하고 소중히 생각한다. 인터뷰를 할 때, 사람들은 버스에서 내가 백인에게 좌석을 내어주지 않은 1955년의 그날 저녁에 대해서만 듣고 싶어 한다. 여러 단체들도 그날의 그 한 가지 행위에 대해서 내게 상을 주고 싶어 한다. 나를 초청하는 곳이라면 어디든 가고 싶고, 내게 주는 상은 기쁘게 받고 있다. 내가 일종의 상징이라는 것을 난 잘 알고 있다.

하지만 나는 아직도 내가 '공인'이라는 사실에 도무지 익숙해지지 않는다. 나의 건강 문제가 뭇사람들의 관심사가 되는 것이 그리 반갑지는 않다. 나이가 들면 몸이 쇠약해지는 것은 당연한 일이다. 요즘에는 내가 병원에 가면, 다음날 그것이 신문에 보도된다. 1988년 볼티모어의 존스 홉킨스 대학 병원에서 심장 박동 조절장치를 달았을 때도 신문에 보도됐고, 1989년 2월 심박

동 이상으로 병원에 입원했을 때도 보도됐다. 하지만 전국 각지에서 사람들이 나의 완쾌를 빌며 보내주는 카드와 꽃을 받을 때는 기분이 좋다.

1955년 이후 나의 삶은 완전히 바뀌었다. 나는 그 이전에는 꿈도 꾸지 못했을 만큼 많은 곳을 여행했고, 많은 사람을 만났다. 내가 그들의 삶에 아주 많은 영향을 미쳤다고 내게 말해준 사람들도 꽤 있다. 나는 그들의 진정성을 믿는다.

과거를 돌아볼 때마다, 앨라배마 몽고메리에서의 그날 이후 우리가 많은 진보를 이루어냈음을 새삼 깨닫는다. 오늘날의 젊은이들은 아무런 위험이나 위협 없이 유권자 등록을 할 수 있고, 어떤 두려움도 갖지 않고 투표를 할 수 있다. 공공 급수대에서 'Colored'나 'White'라는 표지도 더 이상 볼 수 없다. 흑인이 시장인 큰 도시도 여럿 있고, 시장과 경찰서장이 흑인인 작은 도시들도 많다. 톰 브래들리(Tom Bradley)는 미국 대도시의 시장으로 선출된 최초의 흑인이다. 버지니아 주지사인 더글러스 L. 윌더(Douglas L. Wilder)는 흑인 최초의 주지사이기도 하다. 흑인인 제시 잭슨(Jesse Jackson)이 미국 대통령 후보 예비선거에서 백인들의 표를 긁어모으게 될 줄을 삼십여 년 전에는 상상조차 할 수 있었겠는가.

　분리주의를 금지하는 법들이 제정되고, 많은 진보가 이루어졌다. 하지만 정신 상태는 옛날 그대로인 백인들도 꽤 많다. 킹 목사는 법이 바뀐다고 사람의 마음이 바뀌는 것은 아니라고 강조했었다. 법은 약간의 보호만을 제공할 뿐이라고 했다. 그가 옳았다. 우리는 지금 어느 정도의 보호 장치는 갖게 되었다. 하지만 아직도 인종차별과 인종폭력은 멈추지 않고 있다.

　최근에는 백인 우월주의로의 회귀 움직임도 등장하는 것 같다. 최근에 대법원은 고용상의 인종차별행위를 입증하는 것을 무척 까다롭게 만드는 여러 판결들을 내렸다. 연방정부는 시민권 위반 행위들을 적발하는 업무를 게을리 하고 있다. 마음이 편치 않다. 더더욱 내 마음을 불편하게 하는 것은, 대학 졸업자를 포함한 너무나 많은 젊은이들이 백인 우월주의를 추종한다는 사실, 대학 캠퍼스 내에서 인종관련 사건과 폭력이 빈발한다는 사실이다. 백인 우월주의가 아주 광범위하게 확산되고 있다고는 할 수 없을 지라도, 답답한 상황인 것은 분명하다. 우리가 가야 할 길이 아직도 먼 것처럼 보인다.

　최근에 발생하는 이런저런 일로 슬퍼질 때가 많다. 희망을 잃지 않으려 애쓰지만, 그리 쉽지는 않다. 나는 반평생 동안 사람들에게 사랑과 형제애에 대해 가르쳐왔다. 미움과 편견을 가지고 사는 것보다는 사랑과 평등의 삶을 살고 그것을 가르치는 것이 훨씬 낫다고 생각한다. 모든 사람이 평화와 화합과 사랑 속에서 사는 것. 그것이 바로 우리가 추구하는 목표다. 보다 많은 사람들이 그러한 마음을 갖게 될 때 우리의 삶은 그만큼 더 나아지리라는 것을 나는 굳게 믿는다.

1980년대에 찍은 로자 파크스 사진 (로자 파크스 제공)

로자 파크스의 생애 연표

1913년 2월 4일	앨라배마의 터스키기에서 '로자 맥컬리'라는 이름으로 태어나다
1918년	앨라배마 파인레벨에서 초등학교에 입학하다
1924년	몽고메리에서 중학교에 다니다
1929년	외할머니를 돌보기 위해 학교를 그만두다
1932년 12월	앨라배마 파인레벨에서 레이몬드 파크스와 결혼하다
1933년	고등학교를 졸업하다
1943년 12월	NAACP의 간사가 되다
1943년	첫 유권자 등록을 시도했으나 거부당하다 뒷문으로 타지 않았다는 이유로 버스에서 강제 하차 당하다
1944년	두 번째 유권자 등록을 시도했으나 또다시 거부당하다
1945년	마침내 유권자 등록에 성공하다
1949년	NAACP 청년위원회의 고문이 되다
1955년 여름	테네시 주 몬티글의 하이랜더 시민학교 워크숍에 처음 참석하다
1955년 8월	마틴 루터 킹 목사를 만나다
1955년 12월 1일	버스에서 백인 남자에게 좌석을 양보하지 않았다는 이유로 체포되다
1955년 12월 5일	재판에서 유죄를 선고받다 MIA(몽고메리 개선 협회) 목사들이 주최한 회의에 참석하다

	앨라배마 몽고메리에서 버스 보이콧이 시작되다
1956년 1월	몽고메리 페어 백화점에서의 직장을 잃다
1956년 2월 21일	버스 보이콧으로 재기소 되다
1956년 11월 13일	미국 연방대법원이 분리주의 버스 탑승제도가 위헌이라고 판결하다
1956년 12월 21일	버스 보이콧이 끝나다
1957년	디트로이트로 이사하다
1963년	워싱턴에서 시민권 대회에 참석하다
	SCLC(남부 기독교 리더십 회의) 연례회의에서 연설하다
1965년 3월	셀마-몽고메리 가두행진에 참석하다
1965년	디트로이트에서 존 코니어스 하원의원의 사무실에 취업하다
1977년	남편 레이몬드 파크스가 죽다
1979년	어머니 레오나 맥컬리가 죽다
1987년	〈로자 앤드 레이몬드 파크스 자기개발 센터〉를 창립하다
1988년 9월	존 코니어스 사무실에서 은퇴하다
1989년 11월	앨라배마 몽고메리에서 시민권 운동 기념비 헌납식에 참석하다
1991년 2월 29일	미국 국립 스미스소니언 박물관에 로자 파크스의 흉상이 놓이다
2005년 10월 24일	노환으로 세상을 떠나다